中国这么美的 **30**个自治州

带一本书去

黔西南

罗松 邹储衣 著

中国民族文化出版社
北京

南盘江万峰湖

目录 | CONTENTS

CHAPTER 01
黔西南，天然氧吧里的山水长卷

- 2　珠江上游的明珠
- 5　贵州龙的故乡
- 8　民族团结的记忆
- 11　中国四季康养之都与国际山地旅游目的地

CHAPTER 02
诗酒田园万峰林

- 16　喀斯特的心跳
- 23　车轮下的峰头涌动
- 27　行走田园
- 29　浪哨驿站
- 32　蛋炒饭一条街

CHAPTER 03
气势磅礴东峰林

- 38　天然康养纳具寨
- 41　峰林布依嵌峰林
- 44　万峰第一观
- 47　贵州的沙石峪
- 51　日出日落玉皇顶

CHAPTER 04
天沟地缝马岭河峡谷

- 58　城市峡谷
- 61　水体组构与崩塌石
- 64　天星画廊与岩壁洞厅
- 67　自然空调里的生物天堂

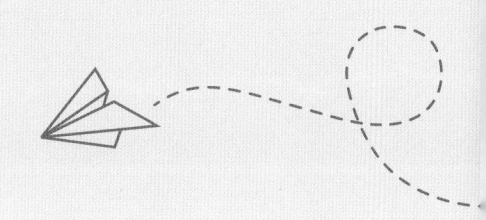

CHAPTER 05
南盘江上万峰湖

- 72　野钓乐园
- 75　红椿码头
- 78　江边老镇
- 82　波涛上的运动激情

CHAPTER 06
打卡点数不过来的阳光谷

- 88　城中花海
- 92　触摸爱情
- 95　蘑菇酒店

CHAPTER 07
石林深处的何家大院

- 102　石山之旅
- 105　何家大院
- 108　泥凼石林
- 112　南龙古寨

CHAPTER 08
州府城内外的老寨

- 120　花开四季打柴山
- 122　城市花园景家屯
- 125　叶动兰香纳录村
- 129　城边古堡营上寨

📍 CHAPTER 09
桥梁博物馆

136　茶马古道上的"木桥"
139　进入兴义城的桥梁
143　兴义环城高速公路与峰林大桥
147　世界第一高桥

📍 CHAPTER 10
神秘山地的历史文化

156　猫猫洞远古人类
159　铜鼓山探秘夜郎
163　千年前的农耕文明
166　车载乡愁

📍 CHAPTER 11
自驾到"二十四道拐"

172　历史名城安龙
174　抗战生命线"二十四道拐"
179　"阿妹戚托"的舞步和欢歌
182　布依人家万重山
185　双乳峰孕育出的古城

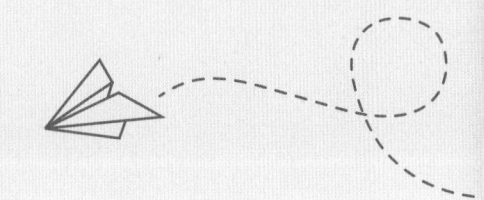

CHAPTER 12
团结和谐民族风

- 190　安平九寨布依节
- 193　查白歌节
- 196　热气腾腾的鲁毗彝家火把节
- 199　三堂文化的传承
- 202　贞丰苗家"走亲节"
- 204　望谟布依"三月三"
- 208　册亨布依族"开秧节"
- 212　布依婚礼展民俗

CHAPTER 13
可以带回家的物产

- 220　百万年的茶故事
- 223　林下菌药间的石斛花
- 226　从古方红糖到花糯米饭
- 229　清真牛干巴与干果、水果

CHAPTER 14
舌尖上的黔西南

- 236　旅程从早餐开始
- 239　布依味道
- 242　高原平湖荡鱼香
- 245　纠结的抉择

CHAPTER 15
不一样的市场

- 252　穿梭在乡场上
- 255　乡愁集市
- 257　路边市场
- 261　后备箱集市

后记

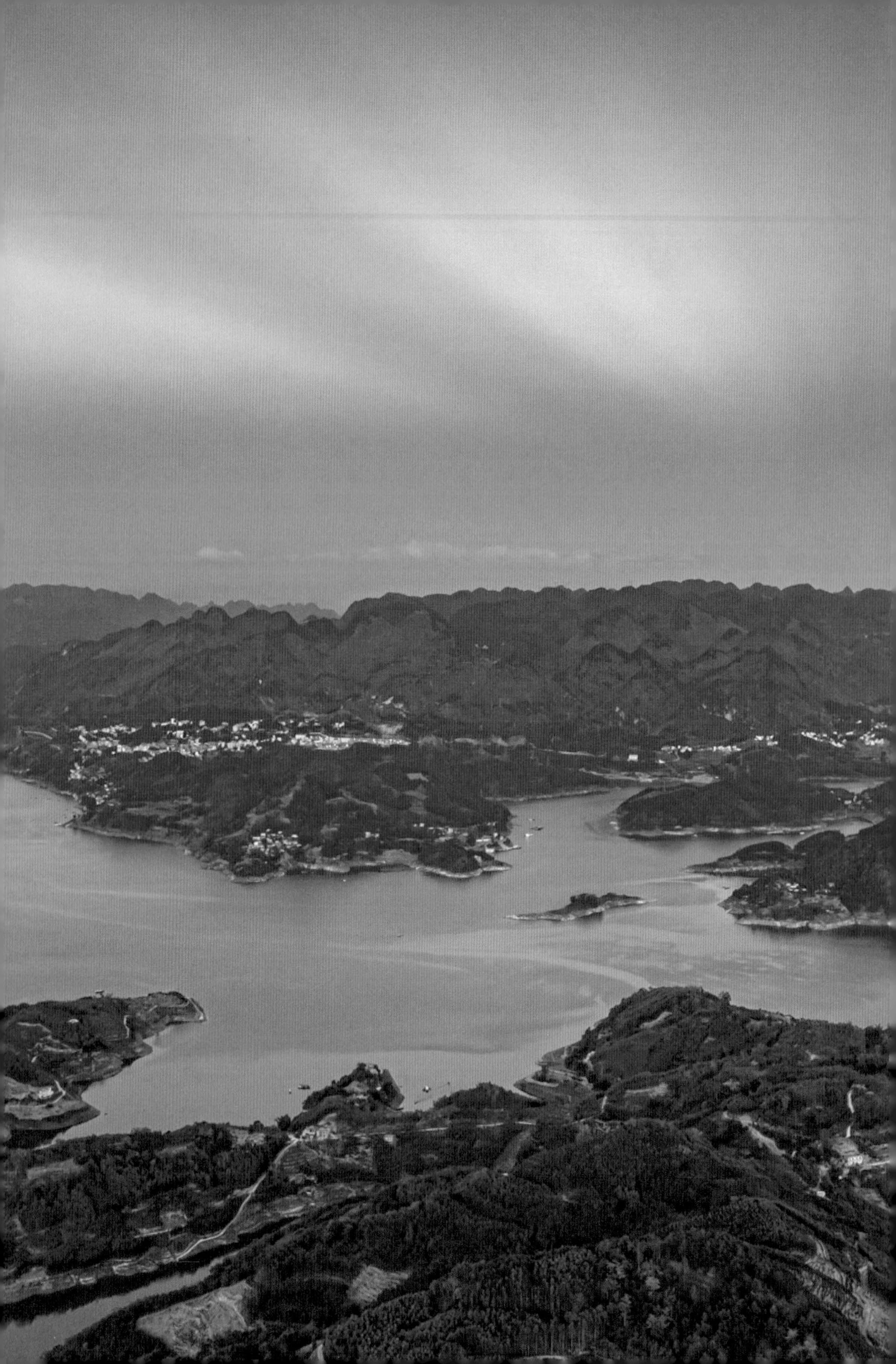

CHAPTER 01

黔西南，
天然氧吧里的山水长卷

身处南盘江、北盘江边，感受渔舟唱晚，听见寨落歌欢。

珠江上游的明珠

黔西南布依族苗族自治州，是珠江上游南盘江、北盘江孕育的一方沃土。从州府兴义市城区出发，半个小时车程可到达云南省曲靖市富源县古敢水族乡；从兴义市及安龙、册亨等县出发，同样只需半个小时，均可抵达广西壮族自治区百色市的地界。黔西南是一个众多兄弟民族世代聚居的地方，辖兴义市、兴仁市、安龙县、贞丰县、晴隆县、普安县、册亨县、望谟县共6县2市。其中，兴义市是州府所在地，引领全州获得"四季康养之都""国际山地旅游大会永久举办地"等荣誉；兴仁市盛产五谷杂粮之首、药膳精品薏仁米；安龙县曾经是南、北盘江流域兴义府的治所，诞生了响彻世界的"加油"一词；贞丰县拥有喀斯特天下奇观"双乳峰"；晴隆县是抗日战争标志性路段"二十四道拐"所在地；普安县是贵州名茶"普安红"主产区，有"黔茶第一采"美誉；册亨县是全国布依族人口占比最高的县，被称为"中华布依第一县"；望谟县产生了贵州第一个连队支部——黔桂边委卡法连队支部。

黔西南是一个神奇的地方，这里有亿年前的"贵州龙动物群"，是全世界最早发现海相地层中爬行动物与鱼类共生的地方。

黔西南是一个神奇的地方，最炎热的三伏天，只要有一树阴影，就会有阵阵凉风飘来，绝不裹挟一丝热浪；最严寒的三九之时，时常会日照当空，可以把棉袄羽绒服脱下，若是身处南盘江、北盘江边，可在暖阳下感受渔舟唱晚，听见寨落歌欢。

黔西南州境内，除了布依族、苗族，还世居着汉、彝、回

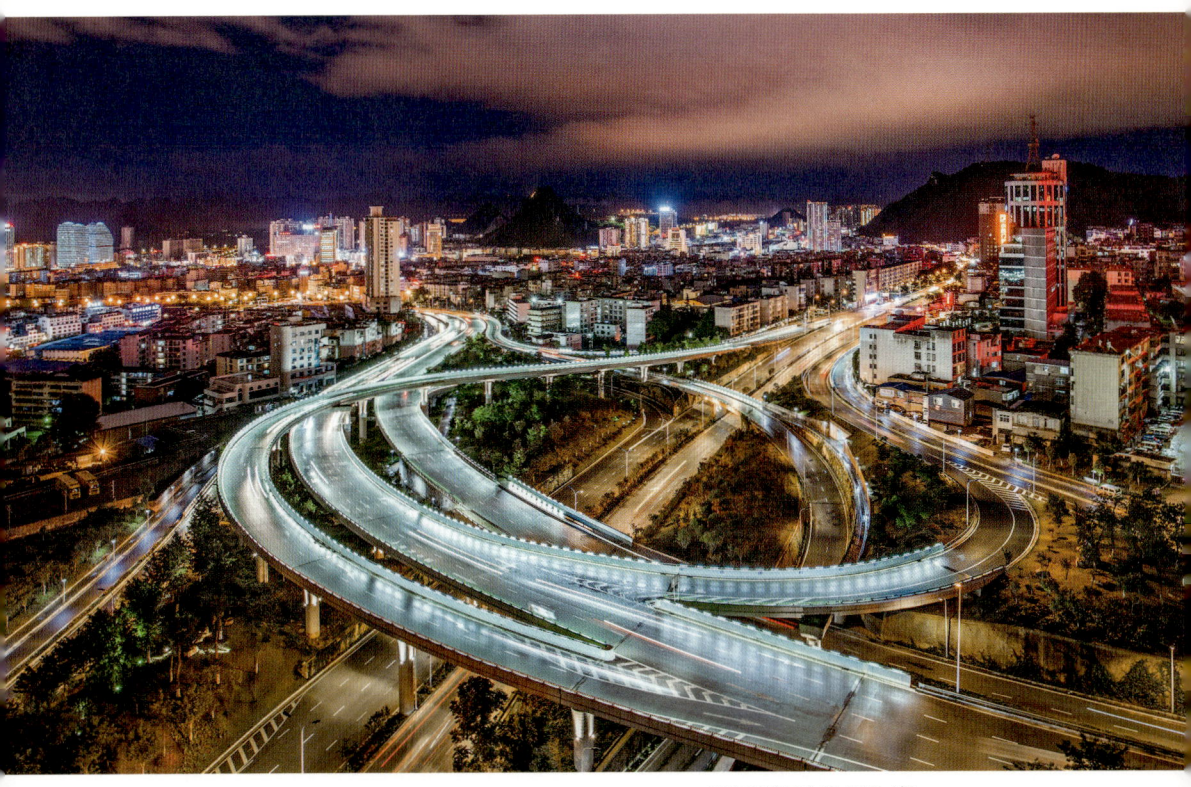

兴义老城区今貌 张霆/摄

等40多个兄弟民族，全州人口370余万人，少数民族人口占比43.58%。勤劳、朴实、热情、好客、包容的各族人民，营造了多姿多彩的民族文化、民族风情。其中，布依族群众占大多数。

全州现有国家级非物质文化遗产保护名录14项，省级非物质文化遗产保护名录110项，州级非物质文化遗产保护名录280项。有"南盘江畔的艺术明珠""天籁之音""声音活化石"等美誉的布依族八音坐唱、苗家板凳舞、被誉为"东方踢踏舞"的彝家"阿妹戚托"舞蹈；有"唤醒情人的小喇叭"称谓的布依族勒尤、盘江流域特有的布依戏；有精巧美丽的各族刺绣、蜡染；有数万群众参加的布依族查白歌节、布依族三月三、彝家火把节、苗家走亲节等民族节日；有五色糯米饭、布依族酸汤鱼等众多美食。

在过往的岁月中，黔西南是中国西南交通要冲。汉武帝时期，中郎将唐蒙出使广州，吃到了四川所产枸酱，得知枸酱虽是蜀郡特产，蜀人趋利求财，便卖到夜郎，再经夜郎传至广州。三国蜀汉平定南中，黔西南是诸葛亮七擒孟获的古战场所在地。南宋失去北方马场，包括黔西南的兴义、安龙在内的彝族先民建立了自杞国，成为大理国马匹贩卖至南宋广西横山寨的通道。明太祖朱元璋为掌控云南及周边藩属国，实行"开一线以通云南"政策，涉及黔西南大地，造就了著名的屯堡文化。清初三藩之乱，吴三桂在湖南衡阳称帝建大周国，当年秋病逝。其孙吴世璠苦撑三年，兵败退返云南之时，黔西南是其军队在云南省境外的最后一处战场。抗战时期，黔西南是云南通往贵州，贵州通往战时陪都重庆的重要通道。

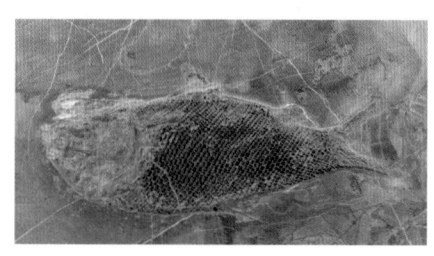

贵州龙动物群里的鱼化石

贵州龙的故乡

兴义是黔西南州州府所在地,就让我们从兴义开始认识黔西南吧。在兴义的许多地方,尤其是各景区景点,几乎都能够看到身穿布依族服饰的可爱卡通动物的身影,或奔跑着,或自行车激情骑行着。它们的名字叫黔小龙,来源于兴义著名的古生物遗存——贵州龙动物群化石。在兴义,如果听说要去"拜访"黔小龙的老家,小孩子们一定是兴奋不已,喜笑颜开欢乐蹦跳。

故事得从两亿多年前说起。两亿五千万年前,地球进入了一个叫三叠纪的时代。那时候的地球表面,还不是现在这样的大洲

马拉松赛道边的黔小龙

分块，兴义所在的地方，叫作特提斯海，或者叫作古地中海，现在地球上的地中海就是它的残留部分。而兴义所在地，是大陆与海洋的分界线一带。大家都知道，地球上的生物是从海洋生物进化到陆地上的，当时的兴义地区，就有鱼类进化成为爬行动物，上了岸。但是，广阔的海洋才是动物填饱肚子的餐厅。于是，上了岸的爬行动物，每天扎进大海，成了两栖爬行动物。

有时候，大自然是无情的，亿万年时间里，海底地震、火山随时可能爆发。两亿多年前的一次海底大动荡，让无数生物灭绝，有的被尘埃掩埋，形成了化石。这样的几率，在大自然中仅有百万分之一。两亿三千万年前的兴义是不幸的，发生了巨大的自

龙化石

然灾害；现在的兴义却是幸运的，亿万年来，由于地质历史发展的各种巧合的有利条件，存留下了两亿多年前的众多爬行动物、鱼类和海百合、虾、菊石、蜿足类、贝类等动物化石。

1957年，国家地质部地质博物馆专家胡承志因进行区域地质调查工作来到兴义市，他到了顶效镇绿荫村，竟然在村民垒砌房屋石墙、田地石埂的石头上发现了神奇的化石，采集到8块海生爬行动物标本。随后，贵州省博物馆曹泽田先生又采集到7块标本，其中2块为爬行动物化石，5块为鱼化石。

两批标本送到了中国科学院古脊椎动物与古人类研究所，著名古生物学家杨钟健教授喜出望外，在其1958年发表的论文《贵州新发现肿肋龙化石》中指出采自绿荫村的标本是一个新属种，因为是胡承志首先发现，按照国际惯例命名叫"胡氏贵州龙"。杨钟健还说胡氏贵州龙的发现代表原始鳍龙类在整个亚洲的第一次发现，时代为中三叠世，距今约两亿三千万年。而同时采集到的与胡氏贵州龙共生的5件鱼类化石，经著名古鱼类学家苏德造教授研究鉴定，有东方肋鳞鱼、贵州中华真颌鱼和兴义亚洲鳞齿鱼。这是远古爬行动物和鱼类共同生活的证明，在世界上属首次发现。由胡氏贵州龙衍生出来的黔小龙，成为了兴义旅游的卡通标识。

1995年4月23日，中国科学院古脊椎动物与古人类研究所的专家再到绿荫村，考察后给出结论："贵州兴义是我国已知海相地层中唯一同时发现三叠纪海生爬行动物和鱼化石的产地，如此众多的爬行动物和鱼化石在一个产地相同层位中发现，在国外相关的海相地层中也是罕见的。"同年5月21日，《光明日报》

头版头条报道了以上鉴定结论,标题是《世界罕见的重大科学发现——贵州龙被认定》。之后,兴义其他乡镇、村寨陆续有贵州龙动物群化石发现,尤其以乌沙镇分布面积最大,化石埋藏量极为丰富。

科学发现引来了科学团队,北京大学三叠纪海生爬行动物国际合作团队多次前来兴义,在顶效绿荫、乌沙泥麦古等地进行科学考察,又发现了鱼龙、海龙等许多品种的动物化石。它们个体大小不一,如鱼龙、海龙有长到几米,十几米,而最早发现的胡氏贵州龙,小的仅有几厘米。

这里所说的龙,不是一般意义上的恐龙。恐龙大多生活在距今约两亿年至距今六千万年前的侏罗纪、白垩纪,较贵州龙动物群里的动物晚了许多年。

民族团结的记忆

在黔西南,民族团结和谐已有千年。兴义万屯阿红古墓群,继承了普安铜鼓山遗址的古夜郎风韵。兴义万屯、兴仁交乐,东汉时期的汉墓群则揭开了汉文化的面纱,把时空凝聚进中华人民共和国国礼原型器物的铜车马。历史的长河中,黔西南群山曾经回荡着彝家先民的号角声声,布依先民激昂的铜鼓阵阵,苗家飞歌的不绝绵绵。

明洪武十四年(1381),为攻取云贵统一国土,朱元璋发动调北征南战事,大量江西、湖广、四川的百姓进入黔西南地区。

各族群众欢聚 洒金街道办事处 / 供图

等到永乐十一年（1413），大明第 13 个行省贵州建立，曾经隶属云南行省普安路的黔西南区域划归贵州省。而此时的汉家客民，无数人已经融入进布依村寨。正如贯穿明、清，掌控黄草坝的黄家布依土司，祖籍武汉江夏，入黔始祖黄昱、黄光蒿父子均为汉民，凭持军功得土司并世袭，与当地居民相互融合，成为黄草坝布依土司，让无数后人以为其辖地黄坪营得名于其姓氏。

兴义市是黔西南州府所在地，得名兴义之前叫黄草坝，因盛产名贵中草药石斛，俗称黄草，因而得地名。融入布依人家的黄氏土司，实乃历史的巧合，其居住的黄草坝，则为现在兴义城的旧城区。而历史上，兴义曾是整个黔西南的代名词。

清雍正五年（1727），清廷对中国西南地区实行改土归流政策，就是用朝廷派遣的流官代替各地土司、土官管理地方。在这样的历史背景下，中央政权升南笼厅为南笼府，划安顺府之普安州、普安县、安南县隶之；又以广西泗城西隆州所属南盘江北岸辖地置永丰州改隶南笼府。至此，如今的黔西南广袤大地隶属于府一级行政机构。

清嘉庆二年（1797），底层的汉、苗、彝、回等人民，在南笼府布依族女英雄王囊仙的带领下揭竿而起，黔西南地区响起了反抗封建统治的高歌。起义失败，中央政权将南笼府更名为兴义府，府治在如今的黔西南州安龙县城。次年，朝廷一张圣旨，撤普安州判，在黄草坝新置一县，县名定为兴义。自此，贵州西南有了兴义府、兴义县两个以兴义为名的行政区划，而当时的黔西南地区，被称为"兴义五属"，包含了南、北盘江流域的兴义府亲辖之地、兴义县、普安县、安南县和贞丰州。

清末民初，因新学造就，兴义五属成为贵州虎踞龙盘之地，辛亥革命、护国运动、护法战事，一系列重要历史节点事件，成就了贵州兴义系军政集团，产生了贵州督军兼省长刘显世、贵州省代省长刘显潜、贵州陆军总司令王文华及之后的国民政府交通部长王伯群、国民政府军政部长何应钦、北伐军左翼总指挥袁祖铭等风云人物。黔山大地流传着"一部贵州近代史，半部都是兴义人"的故事。而兴义府城，则在历史进入"中华民国"之时，撤府建县后，由南龙至安龙，恢复本名。兴义之名，由如今的兴义市独享，成为如今黔西南州州府所在地。但黔西南州"大兴义"的历史惯性持续至今，正如整个自治州的城市定位"康养胜地、人文兴义"。

中国四季康养之都与国际山地旅游目的地

黔西南州地处世界公认的北纬 25 度全球黄金气候生态带，属亚热带季风湿润气候区，常年平均气温在 13.8～19.4℃之间，年平均日照时数 1589.1 小时，冬季也有 200 小时以上，年均无霜期 317 天，年均降水量 1352.8 毫米，全年空气指数优良天数 100%，每立方厘米负氧离子浓度大于 3000 个，是天然"大氧吧""大空调"。2019 年 8 月，中国气象学会等 9 部门联合授予黔西南州"黔西南·四季康养之都"称号，全国唯一"康养胜地、人文兴义"的城市定位应运而生。

黔西南州属典型的低纬度高海拔山区，海拔大多在 1000 至 2000 米之间，州域最高海拔为兴义市七舍镇龙头山顶的 2207 米；最低点在望谟县红水河边大落河口，海拔 275 米。短短百余千米距离，自然落差高达 1932 米，形成气候、动植物、山地的立体组合，既有高原峰巅的蓝天白云，又有深切峡谷的大开大阖，旅游资源极其丰富，截至 2024 年 3 月，全州有国家 4A 级旅游景区 15 个，3A 级旅游景区 34 个，省级旅游度假区 4 个。这些景区组合得当，并大都分布于城市周边，交通便利，如州府兴义市，市区方圆 25 千米内分布着万峰林、万峰湖、马岭河峡谷、贵州醇景区、云屯生态体育公园、义龙山地旅游运动休闲博览园 6 个 4A 级景区。

旅游资源禀赋如此，2015 年，国务院批准的中国目前唯一一个国际山地旅游大会落户黔西南，黔西南成为国际山地旅游暨户外运动大会永久举办地。经民政部批准的国际山地旅游联盟

则落户贵州省城贵阳。

　　山地旅游的依托是山地、水体、动植物、立体气候等自然资源，同时与山地居民生活习俗等特定人文资源密不可分。而各兄弟民族大杂居、小聚居的黔西南，有着"十里不同天，一山不同俗"的称誉，浓郁的民族风情，让游客层层陶醉。

国际山地自行车赛

　　山地旅游，山路弯弯，水绕人家，弯弯百转，黔西南人却被大山铸就出无比率真的性格。走进苗家村布依寨，主人可以为来客杀最后一只鸡，捧出最后一碗酒，客不醉主不欢的融洽欢声，飘荡在榕枝下的瓦面下，飘荡在翠金竹芭蕉叶掩映着的木楼里。

CHAPTER 02

▍诗酒田园万峰林

"天下山峰何其多，唯有此处峰成林。"

万峰林 陈剑平/摄

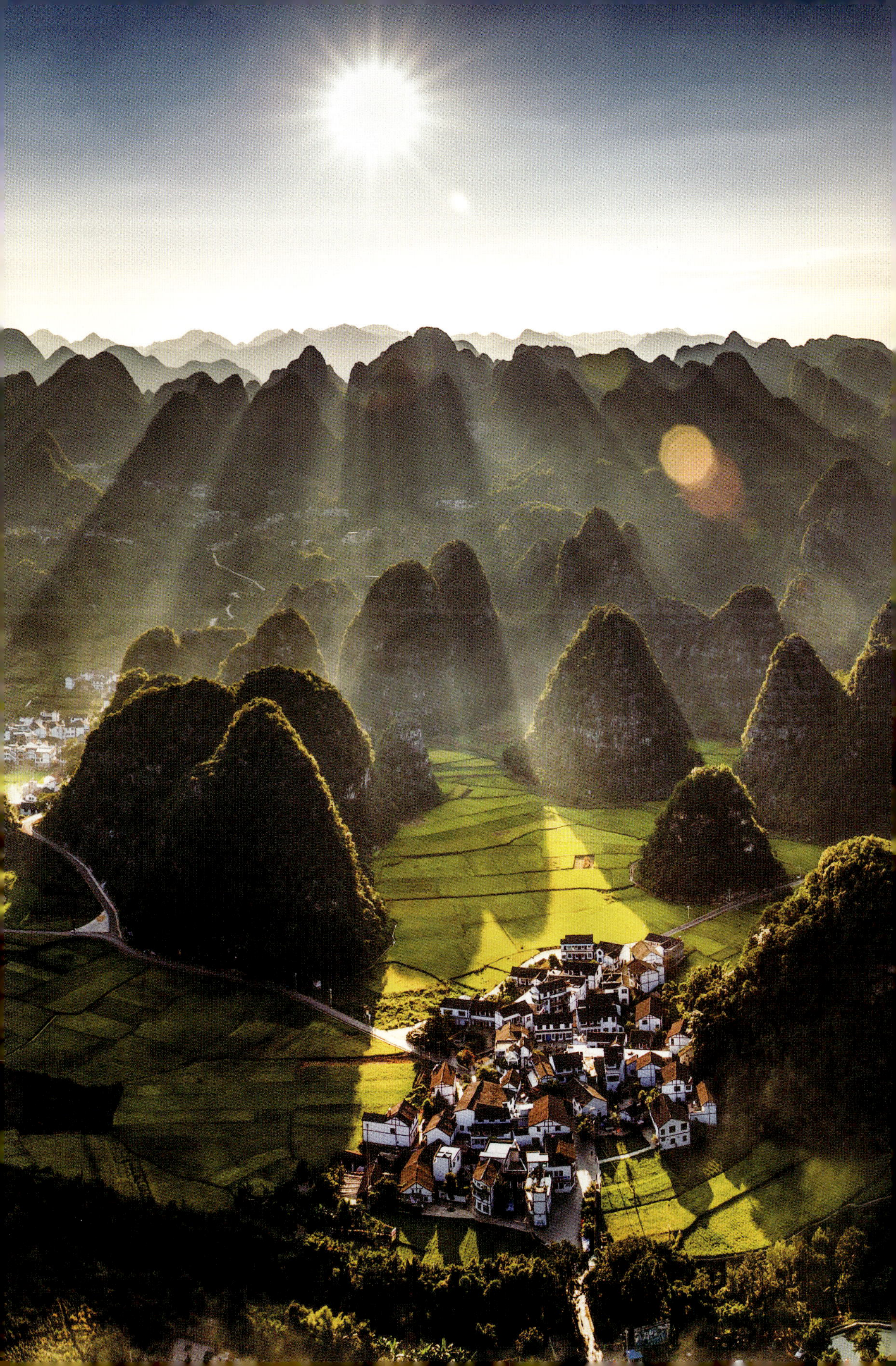

■ 带一本书去黔西南

喀斯特的心跳

2005年,《中国国家地理》"选美中国"评选活动一期专辑出版发行,立即在全国引起轰动,很快被抢购一空。其中,兴义万峰林被列入"中国最美的五大峰林",专家的评语是:兴义万峰林,从高原向斜坡地带分异清晰,发育完美,早被明朝徐霞客所重视,布依族和苗族风情更增添其情趣;兴义万峰林是中国准备向联合国申报南方喀斯特锥状喀斯特峰林世界自然遗产候选地,其美学价值无可争议。《中国国家地理》杂志认为:"整个万峰林以它世外人间般的田园风光,传递出云贵高原上一声声最美的心跳。"

如今,万峰林与兴义城区已经没有距离,景区北侧的"景区西南入口"就是以地处城区西南端而命名,游客前往没有车马劳顿,旅游交通十分便利。城市公

诗酒田园万峰林

中国最早的油菜花海

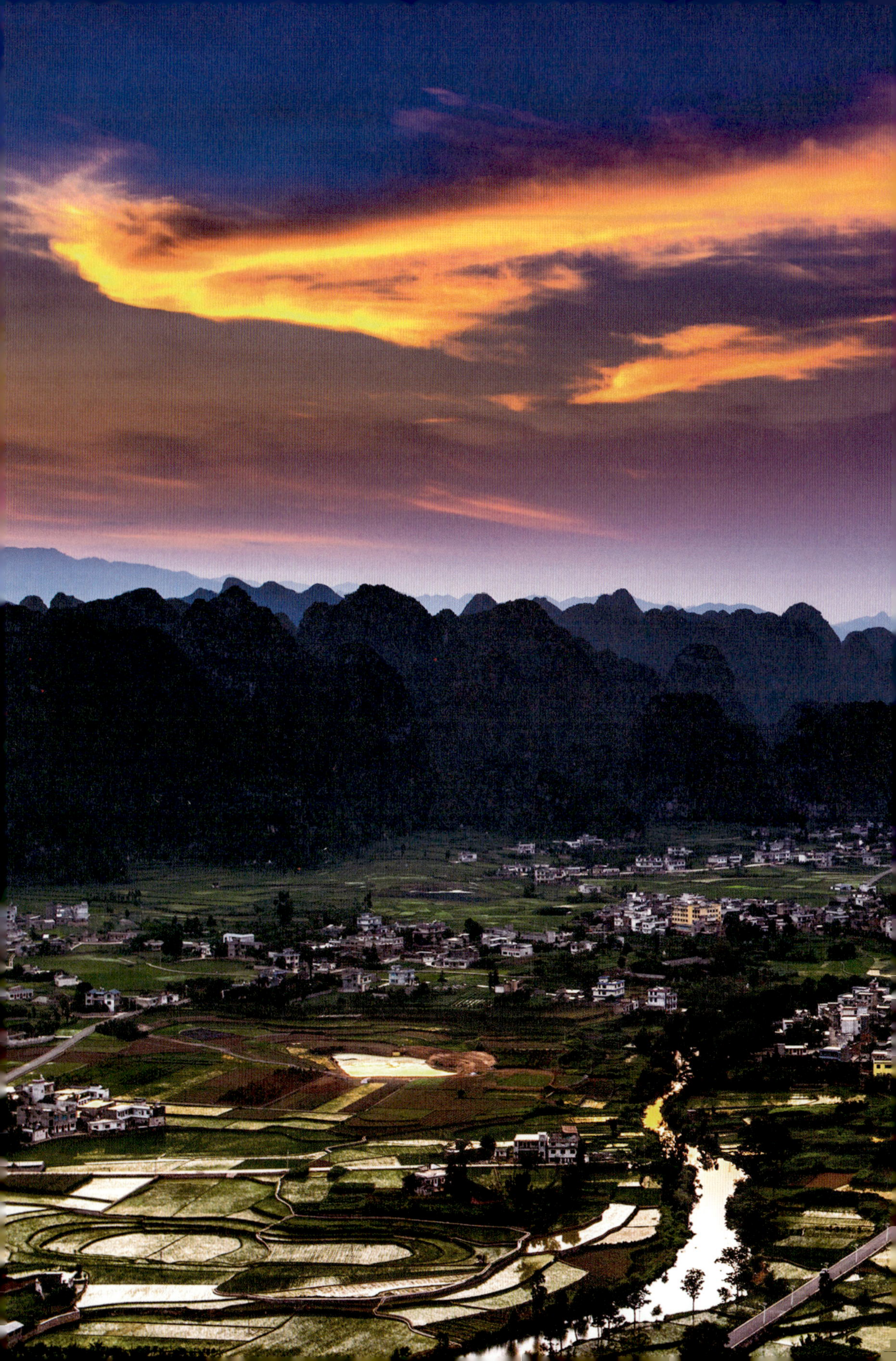

镶嵌在喀斯特里的城市与景区 张霆/摄

■带一本书去黔西南

连片锥状喀斯特地貌

交既连通兴义万峰林机场,也可到达兴义另一著名风景区马岭河峡谷。

从兴义城出发,还未到达景区,就看见森林一样的山峰一座座拔地而起,如竹笋一般,排列在南北向展布的万亩良田之中。万峰林的母亲河从北向南在峰林里全程流淌,神奇的是到了峰林南端,一头扎进落水洞,变成伏流,在地下穿行一两千米再冲出地面,奔向南盘江。布依族"安平九寨"中的鱼陇、乐立、上纳

灰、中纳灰、下纳灰5个村寨，以及后期各民族兄弟发展出来的双生、鄢家坝、独山等村寨，就像一串串成熟的瓜果，挂在纳灰河两岸。

"纳灰"是布依语，"纳"是水田，"灰"是河流潮湾，纳灰意指河湾上有良田的寨落。纳灰河上，从古至今修建了数十座小桥，犹如道道长虹。纳灰河各段，处处可见数百年的铺石小道连通河岸原生石板，将洗衣少女、垂钓老叟、网鱼顽童迎来送往。

纳灰河上，一道道石垒滚水坝形成瀑布、跌水，坝端的引水渠，让水车轻转，水碾成房。

春天，这里有全国最早的万亩油菜花海；夏日，晨昏稻香，蛙声片片；入秋，喜看稻菽千重浪。兴义夏无酷暑冬无严寒，基本上10年左右才会遇到一次不能完全铺满田野的雪，那时的万峰林，峰石更瘦，田野斑驳，透出亿万年时光的沧桑之美。

薄云轻过孤峰巅，灌枝点头瘦石间；层层跌水腾浪花，小桥流水绕人家。万峰林就是这样了，走进去，就入了画卷，伴随着鸟儿晨鸣，游鱼暮岸，倾听喀斯特的心跳。

涌动的万峰林

车轮下的峰头涌动

游览万峰林,需要找到"欲穷千里目,更上一层楼"的感觉,坐上观光车,沿着东侧基底相连的峰丛半山观光道爬行,把西侧千万孤峰和峰间寨落、田园人家尽收眼底。观光车道边是观光人行栈道,游客如想深入体验,漫游风景,也可只购步行门票,用脚步丈量七八千米的风景长廊,把每一处景致都收进相机里去。

观光道全程近 8 千米,道上有多处观景台,每一处,几乎都是网红打卡点。万峰涌动、众星捧月、步步高升、月亮寨、六六大顺峰……田坝里的座座孤峰,孤峰间的村寨田园,穿梭在孤峰

观光道上观夜景 张霆/摄

村寨田园里的纳灰河，纳灰河翻过滚水坝的碧波，滚水坝边引水沟渠流水轻转的水车……融入其中，就挤进了游客的心里。

收入眼帘的，有将军峰，隔了众峰，一柱擎天。讲解员说它率领着身后千军万马般的山峰，而有的游客，却看到了苍穹下的亘古，冥思于天地间的孤独。将军峰就这样凝视着寨落和寨落边的稻香，从田园晨炊到老牛牧归，从车水马龙到峰挽斜阳。

观光道下有八卦田，曾经登上过《中国国家地理》封面的碟形漏斗，喀斯特的神奇负向地形。村民们没有在意，当他们的稻

收获季节

谷金黄，或是油菜花开，会造就观光道上游客镜头里的惊喜。连天大雨时，八卦田等漏斗把多余的田水吸进；艳阳连月，乡人则从漏斗里抽水灌溉良田。让游客惊艳的打卡点，护佑着万亩良田的春种秋收。

不知从哪一年起，万福村的村民用黑糯米稻谷夹杂在普通稻谷之间，种出了"福"字田。观光车在这里必定要停一停，因为游客一定要在这里留影，要把"福气"带回去。

观光车驶下观峰道，"福"字慢慢变大，车也慢慢进入大石

福字田

板民族文化源。走进去，看到历史长河中兴义的重要事件，了解到兴义人民生活的历史过往，欣赏到各兄弟民族的精美服装、饰物及丰富的旅游产品。

　　到这里，游览并未完成。讲解员还要带着游客在峰间田坝中、在村落里穿梭，走进山水田园里，瞧瞧纳灰河边钓竿的轻晃，闻闻身边的稻香。芭蕉叶随风轻晃，大叶榕枝掩映青瓦房，小河对岸的水车悠悠转，挽着手的老夫妻在车尾远离，稻田里摆好姿势照相的小情侣……凉风习习，天人合一，万峰林很惬意。

诗酒田园万峰林

行走田园

　　除了观光道，万峰林是全开放的。陪着老人，你可以开着车到处游玩，只要记住你住的地方，就可沿着纳灰河游览它牵着的寨落。在柳映碧波的河湾，在奇峰迎面的路旁，在鸟语花香的花丛，停停车，让老人下来走走路，活动活动筋骨，呼吸清新的空气。

　　万峰林的早晨，一家一家的游人漫步在纳灰河沿河步道，观日出，听鸟鸣，嗅闻泥土的芳香。万峰林的傍晚，散步休闲的处处身影，在看斜阳，听蛙声，留下油菜花的随风摇摆，熟稻穗的点头轻晃。

　　融入万峰林，就不仅仅是旅游了。去乡愁集市听听布依人纯

田园春色

正的八音坐唱、品品布依八大碗、酸笋鱼；去下纳灰游一游更好街街史馆、吃一回蛋炒饭、看一看榕树下的安逸生活；去鱼陇寨听听土司的故事，感受一下老爷爷水烟筒里溢出的过往；去村村寨寨瞧一瞧老太太们背篼市场上的土特产、瞧瞧她们与其说是售卖产品不如说是炫耀家乡的笑脸欢颜……融入这里，是养身养心，是洗眼洗肺，在万亩油菜花里，在千重麦浪河边，且站且停且从容，且行且看且随风。

如果游客带着孩子度假，建议租辆四轮自行车；如果是情侣相伴，建议租辆两轮双人自行车，或一人租一辆山地自行车。因为，当你进入万峰林那一刻起，就知道处处是景，眼帘找不到闲暇。车窗，会把景致和惊喜阻隔。

万峰林里有徐霞客广场，跟随团队一日游或半日游的游客，一般是乘坐旅游车或自驾车在这里的停车场，转乘观光车欣赏万峰林。但如果你是自驾，千万不要以为这里是景区入口。从徐霞客广场沿纳灰河往上，还有5千米，才是万峰林景区的城市西南入口。而这5千米，同样是一步一景，一寨一品。

阡陌连接寨落，也就连接着生命，稻香稻熟后的油菜花开，姹紫嫣红的处处花海，稻田里的游鱼、青蛙，油菜花间的蜜蜂、蝴蝶、蜻蜓，还有蚂蚱、瓢虫、蚂蚁……老人行走出年轻时的爽朗，孩子在对新奇的追逐中闪亮了目光。

年轻漂亮的姑娘，穿着布依服饰苗家衣装，走进花海里拍照打卡。经过她们的身边，伸一伸大拇指，问一声能不能合照一张相，大多人都会热情迎接，就在美景美丽中，留下你的身影，行走田园的惬意心境。

浪哨驿站

布依族语言里,"浪哨"是青年男女谈恋爱的意思。千百年来,布依群众虽然也有父母之命、媒妁之言的传统,但通过浪哨终成眷属的比比皆是。万峰林里,就有许多浪哨驿站。

"八音坐唱"是布依族独有的民间曲艺,由牛骨胡、葫芦胡、笛、箫、月琴、包包锣、小钗、鼓 8 种乐器组成,不少八音班还加入了唢呐、嘞尤,配上唱词,被称为"声音的活化石""天籁之音",入选国家级非物质文化遗产名录。万峰林双生村有一座八音堂,是八音坐唱的传承基础。走进八音堂,一片吊脚楼,布

半月弯森林音乐会

■带一本书去黔西南

半月弯夜间森林音乐会环境

依人家的族韵乡愁扑面而来。吊脚楼下，布依蜡染、扎染、刺绣等非物质文化遗产活态展示，游客可以亲身体验，带走纪念。主楼之上，则是八音坐唱陈列馆，实物、图片丰富多彩。众多乐器中，有一件小小"嘞尤"，形如短箫，在布依群众聚居区，却是名声极响。因为"嘞尤"一词翻译成普通话为"呼唤情人的小喇叭"，在传统的农耕社会里，布依青年人手一支，否则，浪不了哨。而这小小的一支嘞尤，入选了国家级非物质文化遗产名录，独件乐器获此殊荣，实属难得。

八音堂里，一栋栋吊脚楼的廊道上，或透过窗棂，时常站了身着盛装的布依姑娘，飘出一曲曲犹如百灵鸟的浪哨情歌，和着对面吊脚楼上的小伙木叶，声声律动，把爱情的简单抛洒进屋瓦上榕叶下的天空。

走出八音堂，从一座悬索吊桥走过纳灰河，又能享受一道视听盛宴。一座小小的半岛，因形如半月，得名"半月弯"，数十亩原始青杠林荫下，绿草青青。这里不仅是万峰林马拉松赛道的驿站之一，也是森林音乐会的舞台，更是情侣流连的打卡之地。在崇尚自然的布依群众多年守护下，这里郁郁葱葱，阵阵林涛伴着稻香花草香，声声鸟叫虫鸣牵出爱情的甜蜜。

半月弯边上，有全国唯一连接着两个国家 4A 级旅游景区的半程马拉松赛道，沿着纳灰河畔，从兴义贵州醇景区到万峰林景区，一步一景，步移景换。

从半月弯向纳灰河上游出发，不到 2 千米，一座民族特色浓郁的风雨桥横跨两岸，游客就到了著名的爱情打卡点——浪哨桥。这座桥，有着桥名相争的故事。

纳灰河在万峰林里蜿蜒流淌，河畔村落大都建有跨河桥梁。起初，许多村民都想用"浪哨"来命名自己村寨的桥梁。大家相持不下，最后一致同意附近没有村寨，恋爱环境最好的这座桥定名浪哨桥。

万峰林里，适合浪哨的地方还有许多。走进去，或许就会邂逅爱情。

蛋炒饭一条街

万峰林里有许多布依美食，最有名、吃货最集中的要数蛋炒饭一条街。从观光车起点徐霞客广场南端，出广场东转，过将军桥，就是目的地。

小小的一碗蛋炒饭，早已名扬四方，做成了品牌，上过中央电视台《舌尖上的中国》栏目，是游客不得不尝一尝的美食。一条街的蛋炒饭，许多是需要排队的。夏秋艳阳之日，当你看到光

蛋炒饭

着膀子执勺挥锅的大汉,不要奇怪。因为在灶台边翻炒了几个小时的他,又热又忙,早已顾不上"形象"。或许,当你点餐时,他会嘴一嘟:"快去排队!那边有鸡蛋,打两个自己调匀。"

蛋炒饭的主料,是蒸熟的大米饭、苞谷面饭,可根据游客要求只炒大米饭,也可在大米饭里加入苞谷面饭。这不是重点,许多兴义人说,离开了万峰林,就是炒不出这个味道。

但是,你千万要注意,点餐时不要一人点一份。炒好的蛋炒饭,是用盆装出来的,游客自己取空碗盛饭。饭量好的,三个人炒两份足矣。除了饭,每家餐馆墙边的架子上,都摆满了酸萝卜、魔芋豆腐、水芹菜、素豆腐等菜肴,游客自己取空碗去舀。这时候，千万别客气，要注意不是一种菜肴只能装在一个碗里，可以混装，结账时是数碗计价。因此，尽量把一个碗装得冒尖，再换另一个碗，这样就能最高性价比地尝到各种菜肴。此外，菜肴处一定摆放着各式各样的作料，根据个人喜好，游客自己动手，取相应作料拌上一碗做成蘸料，这才是万峰林蛋炒饭最正宗的吃法。

可别小看这小小的一碗蛋炒饭，做成了产业，每家每户随时都会迎来送萝卜、水芹菜、野菜等农产品的老爷爷、老奶奶，让不再年轻力壮的他们也能赚到钱，把减轻儿女负担的快乐挂到脸上去。

除了蛋炒饭一条街，万峰林的许多寨落里也都有蛋炒饭，只是餐馆没有这里集中。

万峰林的美四季转换，这里还有神奇的平流雾、穿越万峰之旅的健身步道、全国兜兰培育基地、布依人家打糍粑的欢歌……这里的美是写不完的。来吧，亲爱的朋友，请您亲身感受。

晨炊般的平流雾

CHAPTER 03

气势磅礴东峰林

东峰林是峰丛的典型代表,峰峰相连,气势磅礴。

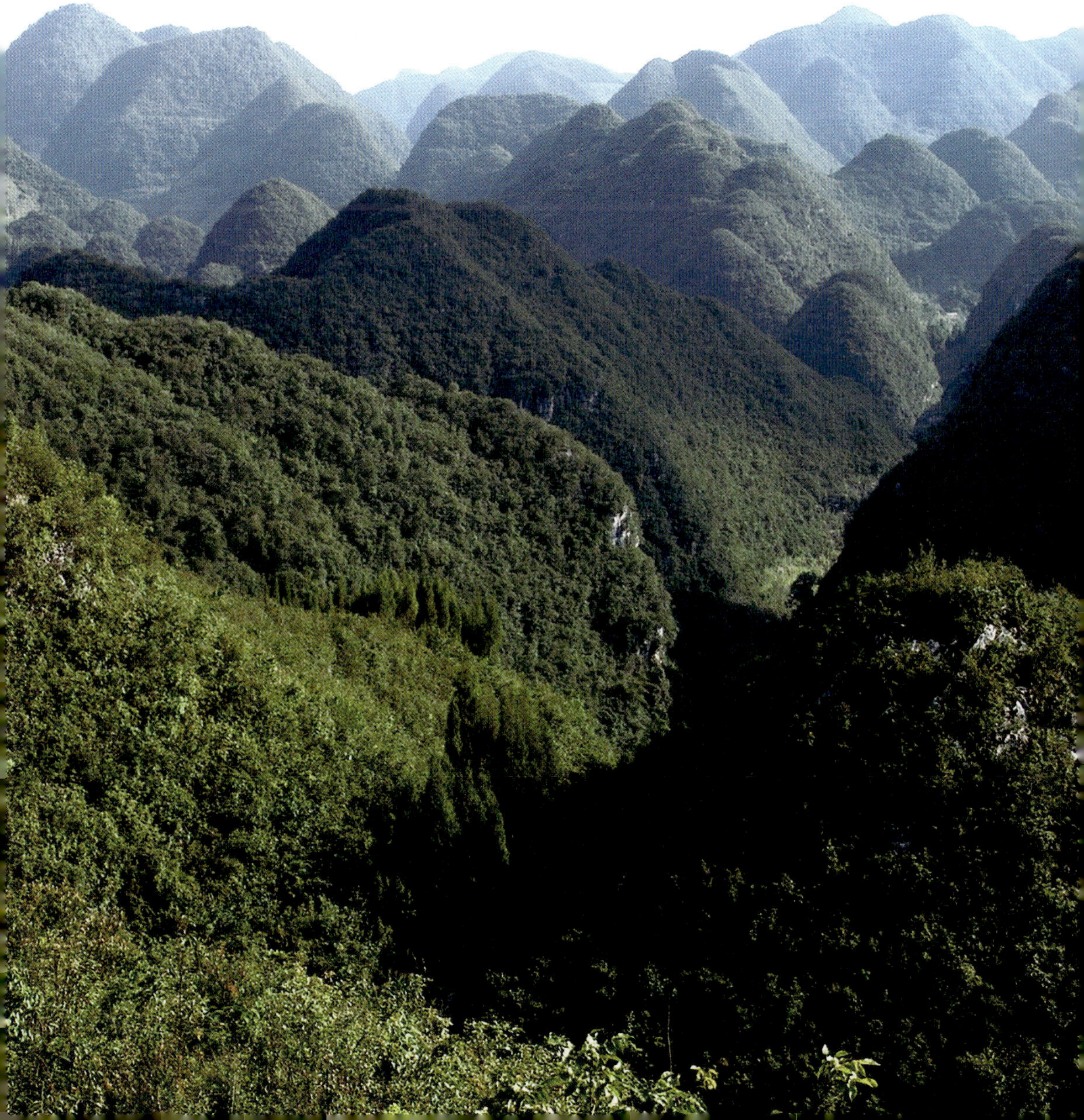

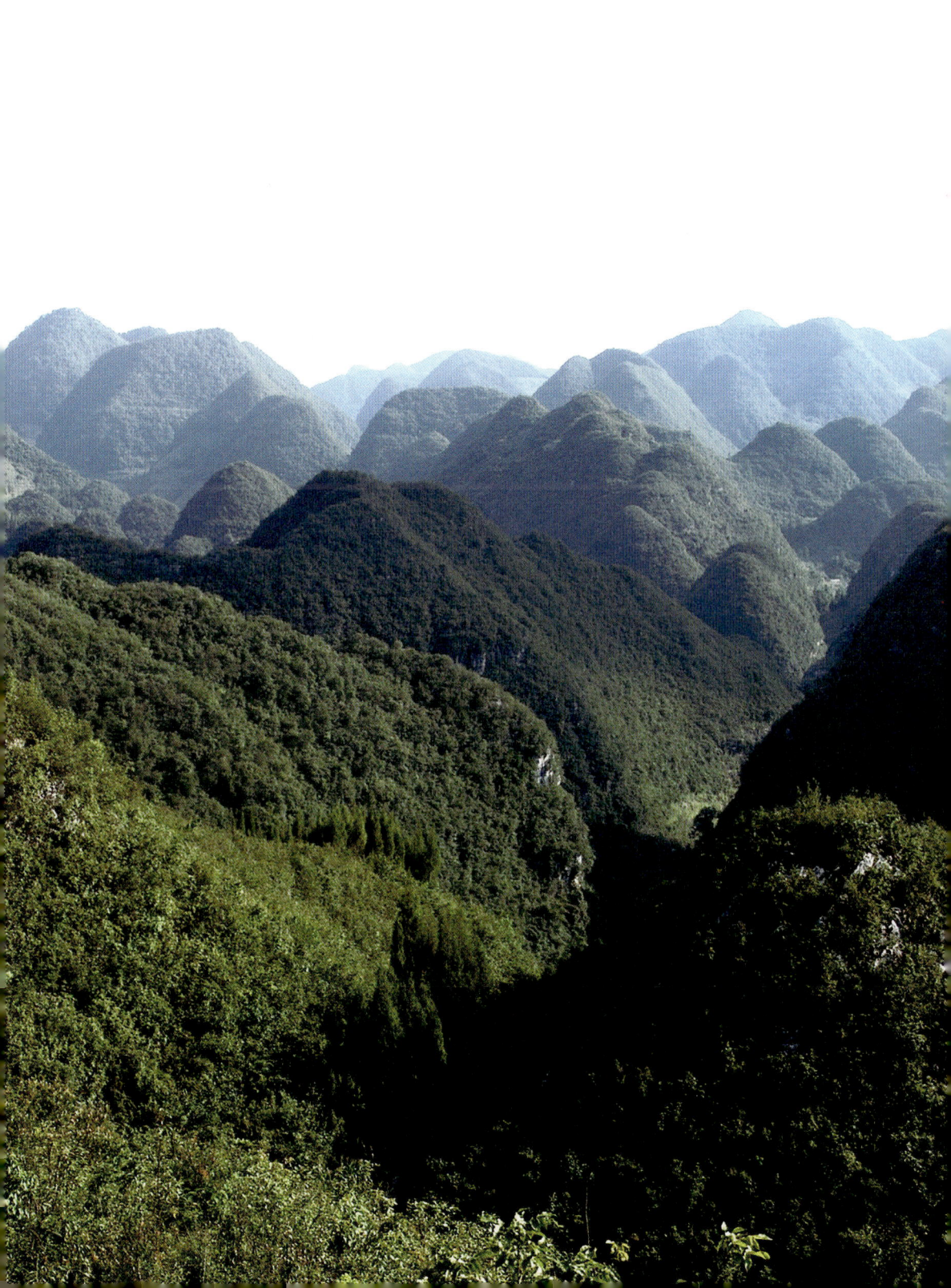

天然康养纳具寨

兴义城区南部，一条双向六车道的景湖大道向南盘江上的万峰湖景区延伸，出城仅8千米，南北向山间坝地里，则戎镇出现在大道右侧。小镇依山就势，紧靠坝地西侧连绵峰丛，峰丛的半山台地上，西侧是布依人家著名的安平九寨里的纳具寨，在景湖大道上，就能够清清楚楚地看到山麓的寨落，林间的屋瓦。

若从城区下五屯街道的汽车客运南站出发，乘坐城市公交车到则戎镇安章场坝站，下车步行七八分钟即可到达纳具寨。就算在生态良好、空气清新的兴义，这里也敢称为康养小镇。森林康养是以森林生态环境为基础，以促进大众健康为目的，利用森林生态资源、景观资源、食药资源和文化资源并与医学、养生学有机融合，开展保健养生、康复疗养、健康养老的服务活动。而在纳具，贵州省林业局实施的贵州省2022年十件民生实事中，有提升建设森林康养步道100千米项目，纳具·和园就凭借自身资源的综合优势，被选中建设康养步道10千米。这条步道，就在进入康养小镇的南大门边。

纳具是典型的布依村寨，民族风情极其浓郁。村寨建在半山，比东侧安章场坝、则戎政府高出数十米。这是一座寨隐林中、刻在树下的寨落，西侧山坡上更是绿树成荫，叶响晨昏。生态、空气不用多讲，这里曾经迎来多位身患哮喘病，甚至症状较为严重的客人，一住下来，均是欣喜地说哮喘症状明显轻了许多。

除了生态、空气，或许还跟布依寨的淳朴、和谐有关。寨中主要有吴、查两姓，而追溯起来，他们的先祖却是明初因调北征

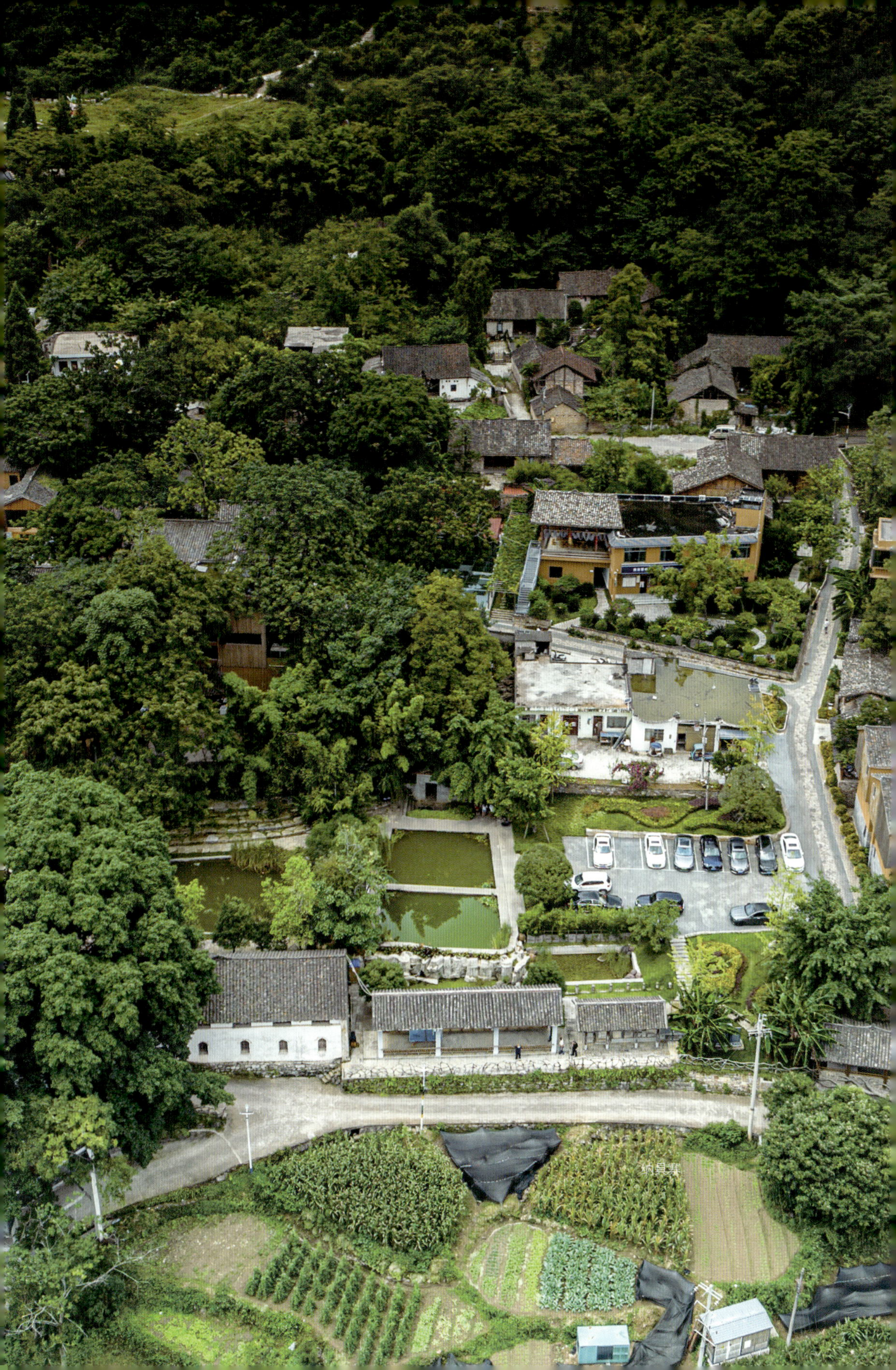

康养民宿街入口

南战事进入贵州的汉族先民，不断与当地布依先民融合而来。而村寨的名称不断变化，从"那志"到"纳毕"，再到现在的纳具。寨中两姓都有碑刻记录相关过往。

当年，卢沟桥敌人的枪炮声传来，贵州虽然是抗战的大后方，枪炮声还远离布依寨，但敌寇入侵使得整个中华民族在蒙难，布依儿郎岂可独享安宁！安平九寨中，仅纳具一寨，无数布依儿郎立即积极投身到抗日救国的第一线，能够数出姓名和事迹的就有查启祯、吴可夫（徐悲鸿在贵州的两个学生之一）、吴尚章、吴照芙、查成良、吴照雪、吴玺帮、吴照旭、吴照立、吴尚昆等。他们与各民族兄弟一起，为中华民族的命运奉献出青春乃至生命。

如今，纳具寨群众与企业合作，将寨落建设成为声名远扬的康养景区，成为兴义市总工会的疗养基地。每天早晚，总有市民结伴而来，在古树下吹奏乐器，在小广场轻歌曼舞，在百年古井、寨巷枝叶间漫步。

老寨新颜，兴义城边的纳具寨，吃住行一应俱全，康养、旅游设施完善，充分发挥出生态气候、宜居宜养优势。许多游客走进去，都会选择住上一晚，体会布依风情的同时，等待第二天的清晨漫步，林间鸟鸣。

峰林布依嵌峰林

纳具寨正东直线距离3千米，环绕着数潭碧水，吊脚木楼依山就势鳞次栉比，走进去，就走进了兴义市民族风韵最为浓郁的新兴景区——峰林布依。

沿着纳具寨东侧山脚下的景湖大道南行，不到2千米转入兴义东南环线，向北继续行驶约4.5千米，就到达峰林布依景区。若从兴义市区出发，可沿东南环线，也可从万峰林大道、龙塘大道等交通干道转入东南环线，驾车抵达峰林布依景区，距离均在8千米左右，交通极为便利。

峰林布依景区镶嵌在峰林之中，跨过游客服务中心那座溢满布依韵味的门楼，群群水鸟把滑翔身影留给湖岸边的龙骨水车，湖畔摇枝。湿地中，一座座孤峰拔地而起，把喀斯特的亿万年瘦石还有瘦石间顽强的灌枝倒映进湿地水面，亘古的斑驳包浆像是

木柱青瓦水绕寨

被画进了秋水的无尽缠绵，人，就走进了世外桃源。

　　沿着步道深入景区，瘦石侧、黄桷树翠筋竹的枝叶间，挤进了小青瓦屋面，寨落随着脚步展现。布依人家喜爱依山傍水，峰林布依景区的规划布局和村寨建设肌理完全依照这一传统村落建设习性，滚水坝将河道分隔为一潭潭倒映着传统建筑飞檐翘角的河潭，坝顶汀步跳墩间水流潺潺，呼唤着河畔屋屋叠叠的石墙木柱瓦屋开门、推窗。

　　景区山腰，环绕寨落的布依风情步道就有 10 余千米。迈步走上步道观景平台，西江千户苗寨一样壮观的民族寨落展布在眼底，街巷里穿梭的人群牵动着游客立即融入的心。走进寨落，沿街美食、布依作坊、休闲茶吧、沿河廊亭……游客进进出出，寻

气势磅礴东峰林

觅的身影擦肩而过，惊喜与欣喜接踵而来。走近水边，滚水坝的跌水瀑布激出浪花，月牙儿般的小桥孔洞倒映碧潭，水涟漪，山空灵，时间就此驻足，在无数游客的相机镜头里，你也成了风景。

沿河主街边，一条条砌石步道把吸引力往寨落深处延伸。迈动悠闲的脚步，走进民宿，走进传统建筑的独特里去。拐几道弯，登高几步，屋瓦、穿枋、翘脊就在眼前，连绵吊脚楼群、河畔亲水平台可以远眺。步移景换，身处的寨落更加真切。

当风中传来银铃般的清脆笑声，循声而去吧。迈过步道的拐

峰林布依局部

角，三两相依或五七成群的盛装少女或嬉戏着攀登四合院、三合院前的条石踏步，或成排坐上小院前的砌石栏杆，让风吹动头饰、胸前的银坠，如她们一般的青春就随着银坠的碰撞飘飞。她们有可能是商家的服务人员，也有可能是租来民族盛装的游玩姑娘，都没有关系，放心地举起相机、手机，不用安排，姑娘们就会向你纷纷挥手，让镜头里的自己更加美丽。

峰林布依，处处皆是打卡点，时间在不经意间流淌。当镶嵌在峰林中的光影夜色由淡转浓，游客流连忘返。山水布依，远方的游客在这里感受兴义的传统生活；兴义人在这里找寻乡愁记忆。

万峰第一观

从纳具寨往下的 600 县道继续向南游玩，汽车一路爬行，大约 5 千米的距离，公路边突出一片山间台地，两侧带廊的布依寨门，衬托出爬上山峰、寨落的砌石踏步。这里是东峰林景区的万峰第一观，踏步上的一片寨落，被称为布依第一家，是万峰湖、东峰林游玩的著名驿站。

一条山岭把万峰林分为西峰林、东峰林。东峰林以基底相连的峰丛为景观特色，峰丛间隔出片片洼地，形成峰丛－洼地－峰丛的景观组合，于是万峰涌动，云随峰涌。而万峰第一观，为山岭地貌突出的一座孤峰，其峰巅，就是观万峰赏云涌的绝佳之地。极目远眺，徐霞客笔下的"磅礴数千里，为西南奇胜"就在眼前，一览众山小的心境油然而生。视野里，本应峰回路转，但

万峰第一观观景台

山脚下的景湖大道外，还有云端道路，峰巅通途。

国际组织里有一个全球道路联合会，是世界性的公路学术组织，他们颁布的道路成就奖，代表着全球道路行业技术发展和管理水平的最高成就，是国际道路行业内最有声望的荣誉之一，被誉为全球道路行业的"诺贝尔奖"。奖项包含环境、设计、研发等 12 个单项奖，每个单项奖，全球道路联合会从众多报送项目中仅评选出一个项目，授予获奖荣誉。自 2000 年该奖设立以来，中国共获得 12 个单项奖。

兴义有一条绕城高速，2023 年 8 月，中国公路学会推荐的"黔西南州兴义环城高速公路"项目，荣获全球道路成就奖环境保护类别奖，是贵州省首次获评的荣誉。登上万峰第一观，这条公路就展布在眼前，峰间的高架桥梁隐约于云雾间，脚下的高速匝道镶嵌在图画里。

不用探究"诺贝尔奖"的获得缘由,自奖项获得,无数兴义父母带着孩子来到这里,观峰涌云动的同时,告诉孩子努力在路上,梦想就在身边。而在之前,各省市的研学团队早已纷至沓来,把自行车停在万峰第一观的停车场,踏上石梯,登峰观路,欣赏世界奇迹。

这不是万峰第一观的全部。时代的步伐引领了国际潮流,亘古的韵律却彰显出大山的曾经。万峰第一观的根,是布依人家的魂。这里有布依人家的八音坐唱。每年三月三,布依人家最重要的节气里,安平九寨八音坐唱大赛的高潮,还把民族的音律唱进欧洲的音乐殿堂,把大山的声音圈进寨落人家、乡愁族韵,让世

万峰第一观旅游驿站

界聆听。

万峰第一观上布依第一家,翠筋竹摇曳的枝叶间隙,人文揉搓进风光,音律轻轻回荡,自然而舒缓。吊脚楼下,牛皮刺鼓轻敲;楼上廊道,悬挂着的大蒜辣椒串旁,麻绳吊了竹竿,绕垂下的土布,迎风悠扬。大榕树下,山里人家。

游玩的驿站里,布依八大碗必不可少。布依第一家用歌声和热情迎接游人,大榕树下,一条竹凳,几张竹椅,阳光透射进来,老腊肉泛出光泽,浅沿土碗溢出山野清香,惬意滋味,浸散旅途疲惫。

贵州的沙石峪

东峰林,是云贵高原向广西桂北丘陵过渡的斜坡地带。景湖大道从林木葱郁延伸进瘦石嶙峋,风景植根于石漠化的环境。

群山连绵的石漠化,造就气势磅礴的风景,却让身处其间的人们生计维艰。农耕时节,在巴掌大的石窝里点种上几窝苞谷前,得挑来土填进石窝,不是电影电视上的夸张,而是石漠化地区的真实写照,群众生活的日常。

景湖大道边的则戎镇冷洞村,就是这样一个地方。1977年3月14日,《贵州日报》刊载《贵州的沙石峪——兴义县则戎公社农业学大寨纪实》的长篇报道,把则戎与河北沙石峪类比,报道了则戎人民挑战大山、自力更生,改造恶劣生存环境的事迹。"北有沙石峪,南有则戎"闻名省内外,"自力更生、艰苦奋斗、

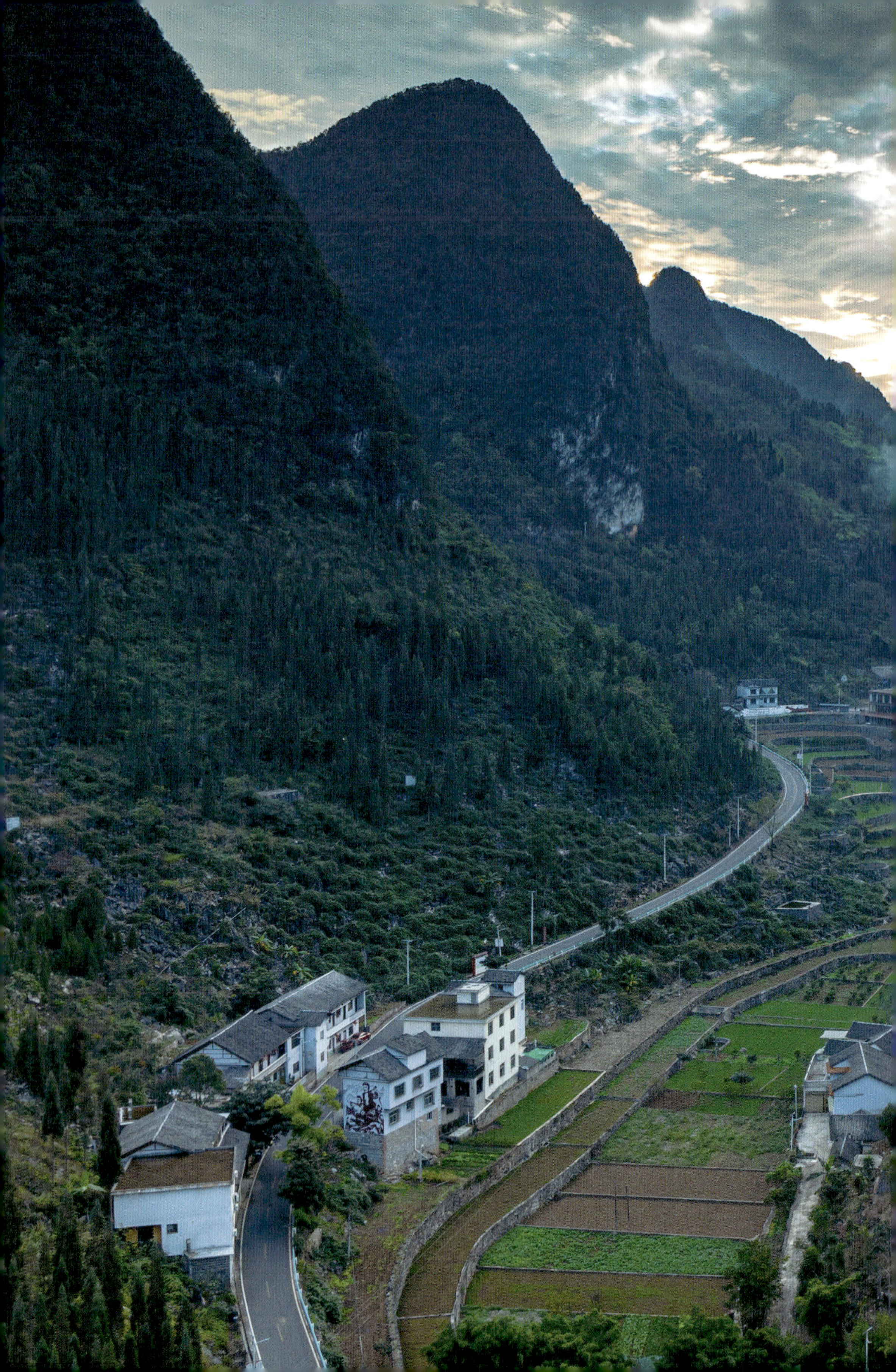

连接冷洞村与方湖峰景区的盘山公路

■ 带一本书去黔西南

改天换地、自强不息"的"则戎精神"响彻西南。

2009年,黔西南州发生严重旱灾,冷洞村尤为严重,石山间,村民赖以增收的金银花奄奄一息。抗旱战斗打响,冷洞村民不等不靠,发明了打吊针般的滴灌技术,用漫山遍野的矿泉水瓶,硬生生把命根子般的金银花从枯黄救至返绿,创造奇迹。2010年4月4日,温家宝总理在冷洞村考察指导抗旱救灾时说:"不怕困难、艰苦奋斗、攻坚克难、永不退缩的精神,就是'贵州精神'"。

山地千年,冷洞村群众铸就出大山的性格,同石头较劲,用手刨出幸福。根据山地特点,除了种植金银花,还种植花椒;不断进行猪、牛品种改良;努力改善生态环境,把家乡建设成为"山头绿帽子,山腰钱袋子,山脚粮坝子"。

传奇就是吸引力,一拨拨团队远道而来,学习经验、交流心

"贵州精神"发源地

得。周末节假日，兴义城的小汽车时时前往，带老人瞧一瞧山乡的巨变，领孩子体会一下勤劳的收获。

冷洞村的陈列馆里，传统工具的包浆勾起了父辈的回忆，祖国的强盛、儿孙的幸福，离不开当年的晨出暮归、挥汗如雨。战天斗地的图片引起孩子的惊奇，生活原来如此艰辛，美好生活原来如此来之不易。

走出陈列馆，除了土地金贵，身边奇峰起伏，山石沧桑。经过多年呵护，树木长在山石间，金银花藤缠绕山石面；经过多年大锤砸、铁锹挖、肩抬手捧，峰与峰之间本来的冲沟，垒起一坎坎梯田，垒出震撼的视觉冲击力。曾经的瘦石山，秋色也有片片金黄，花果飘香，一栋栋新房取代了木屋旧瓦，冷洞村风景如画。

山路弯弯，从冷洞村柏油路扎进大山深处，一墩巨石突兀耸立，石上榕叶伸枝掩路，车到石前路转向，弯过又现一新景。车程犹如在盆景里穿梭，半个小时的视觉盛宴，汽车就可行驶到兴义城边的万峰林景区。短住万峰林里的游客，听闻有冷洞村这一去处，许多也会抽出时间，去领略山地盆景的秀美，冷洞石村的奇迹。

日出日落玉皇顶

从冷洞村延伸进东峰林深处，大约25分钟车程，就到达国家3A级旅游景区玉皇顶。若从兴义城区出发，再经冷洞，车程则需要45分钟。

玉皇顶日出 王冬云/摄

  天晴的时候，每天凌晨四五点钟，总有摄影爱好者的轿车、越野车从兴义城出发，前往玉皇顶，点一支烟，陪伴时间，等待太阳出来的瞬间。傍晚时分，景湖大道华灯初上，从玉皇顶返城的汽车疾驰在夜幕里，驾车的人，欣赏着相机里落日的艳丽。

  之所以要晨出暮归，是因为玉皇顶的几家民宿总是一房难订。提起玉皇顶，兴义人就想起了日出东方的云蒸霞蔚，傍晚西斜的落日余晖，还有脚下的云海翻涌、极目远眺的万峰湖影。

玉皇顶地处则戎镇半边街村。从石山盆景般的山脚下，沿盘山公路驾车上山，一边是深深的绝壁，一边是依山而居的田园人家。自然村落，东面是绝壁山谷，只有半边的寨巷街道悬挂在绝壁之上，半边街由此得名。

玉皇顶则是半边街最奇险的地方，位于朝东向的巨大断块山崖之上，气吐山河雄宏壮观。断块山崖是地质学上的奇观，在亿万年的地质历史中，因地壳断块活动隆起而形成。地形地貌的特

峰颠寨落极目千里

点是山的边缘平直，山坡陡峻成崖，与相邻山脚平地之间没有过渡地带，急转直下。

在这里，可以感叹大自然的鬼斧神工，也可以追寻它形成的原因，把地质科普融入进游玩过程里去。

沿着崖顶游道，视野里是"自古华山一条道"，护栏外就是悬崖绝壁，能够感受到张家界的雄奇；向悬崖下俯瞰，一眼看不到边际的巍峨磅礴，延绵数百里的峰丛，宛如飞龙横贯苍穹；身边瘦石间的枝摇叶动，又透着万峰林的秀丽，仿佛神话里的仙境。

爬上近崖顶的山腰，车到玉皇顶景区停车场。打开车门，烧玉米、烤土豆的清香就和着山野的味道随风飘来，人声鼎沸在云下，远山黛色也仿佛也沾染上乡间的岁月。

神奇的是，断崖顶依然有寨落人家，走出屋，就是云上的峰巅，天上的田园。走进田园边榕树或芭蕉林下的人家，长须老人放下水烟筒，在还没有飘散的余烟中，自豪地告诉游人，玉皇顶的悬崖猿猴难攀，鹞鹰难过，他们的先祖世居的这一方桃源之境，是跟着云端上的佛或仙，远离动荡寻到平静，拂去尘烦归于安宁。

是这样了，玉皇顶悬崖边的石峰，伸进云卷云舒，苍鹰翱翔却难辨方向，穿透云海才找得到落脚的地方。晨风里，云海挤进一抹红，一点点漫开来，成线、成片，红霞终于穿过雾海，飘荡在天际，唤醒晨炊和崖顶的生机。

如果运气好，订到了崖顶民宿，一定要把太阳送走，把群峰送进夜幕，陪着天边的月儿往上爬，听着虫鸣声挤进微风。许一个愿，从心底抛向散进天际的星空；发一会儿呆，把思绪牵到远方爱人头顶的苍穹。

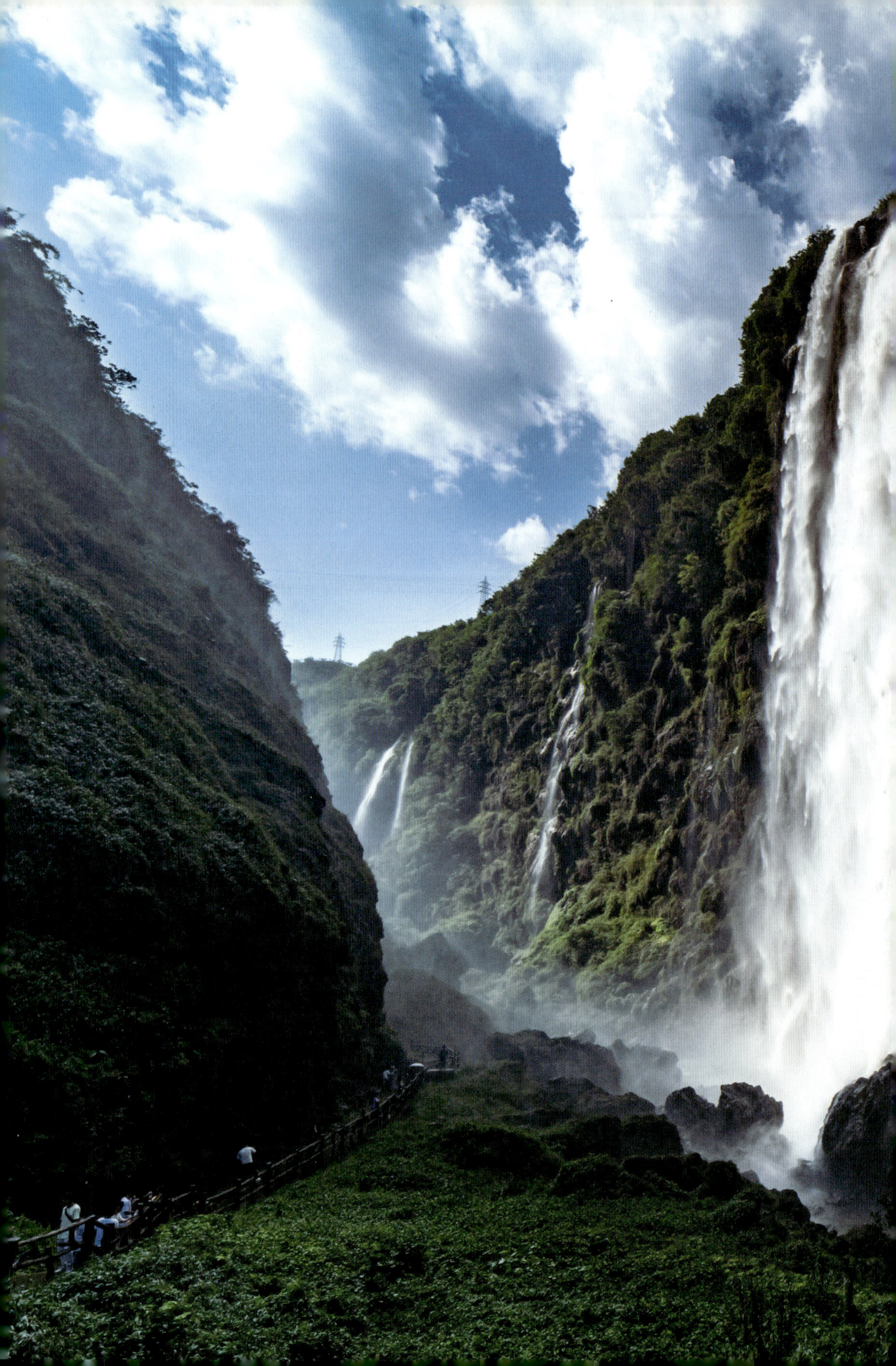

CHAPTER 04

天沟地缝马岭河峡谷

"……山远行渐远，之字路迤逦。云奇石更奇，奇绝画难比。写奇惟有诗，诗在空山里。山空灵且秀，高山有流水。一涧介两山，两山屹对峙……"

■ 带一本书去黔西南

城市峡谷

　　马岭河峡谷就在兴义城东,是全国唯一的城市峡谷,有多路城市公交可到达。

　　马岭河是南盘江的一级支流,全长74千米,而兴义城边的几千米,最为幽、奇、险、秀。这段峡谷,在地质学上称为嶂谷,又称箱形峡谷,意思就是峡谷两边的岩壁就像箱子的箱壁一样近于垂直。千百万年前,这里还是一马平川,但是地下有河流、大型溶洞。地下河流的水不断冲刷,可溶于水的岩石让地下河道不断扩大,慢慢地,河流两边的石头再也支撑不住头顶的石板,于是整体垮塌下去,再经千百万年流水的冲刷,就形成了如今的模样。

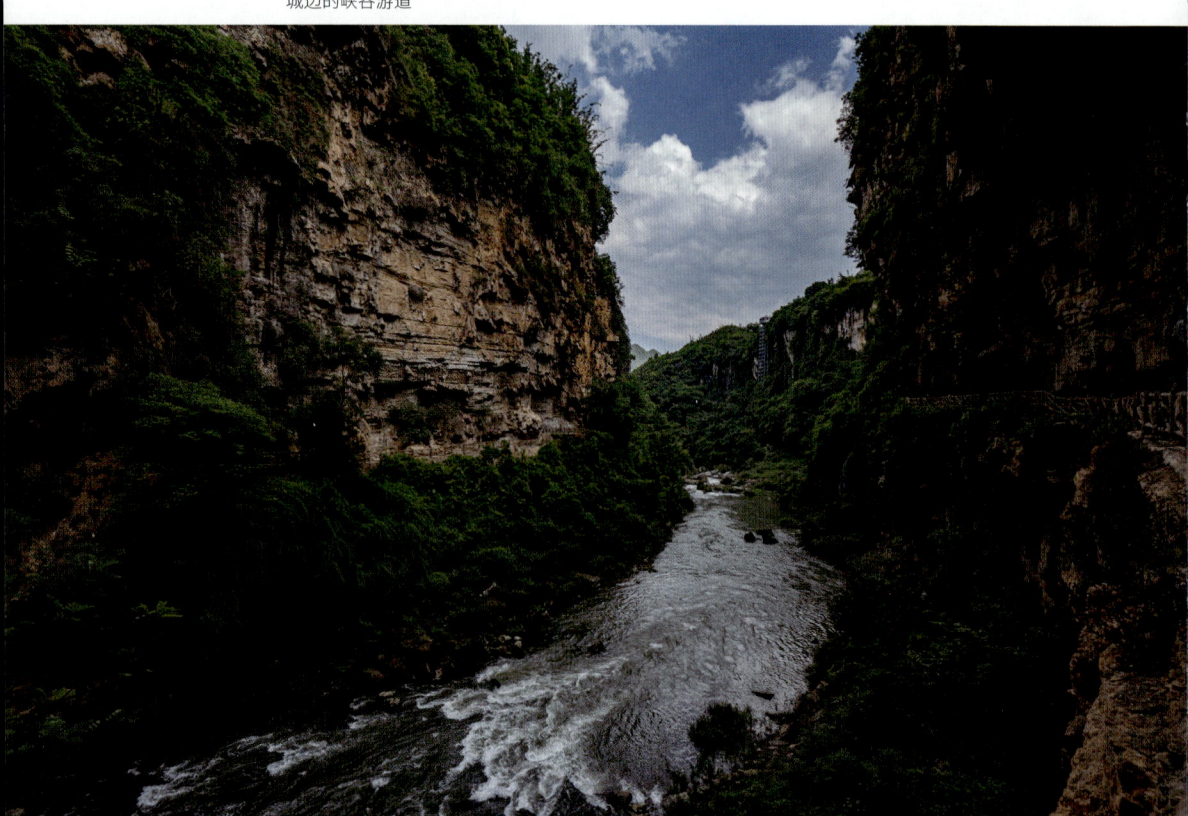

城边的峡谷游道

马岭河峡谷与进入兴义城的汕昆高速马岭河大桥

  马岭河峡谷景区还有一片湿地公园，位于进入马岭河峡谷售票景区三岔路口的北侧。这里是游客和兴义市民傍晚游玩的好去处。为了在兴义城中留下布依乡愁，文物部门把因天生桥水电站库区建设而淹没的岜皓寨传统民居搬迁到湿地公园边，完全按照布依村寨肌理进行布置，并建成"布依民俗兴义陈列馆"。"岜皓"是布依语，意为"山跨下来半边，留下了白色的崖壁"。走进城中寨落，布依韵味迎面而来。在这里，不但可以亲身体验布依人家的民风民俗，还可以参观"兴义非物质文化陈列室"，全面系统地展示着兴义市的非物质文化遗产。

  从兴义城进入峡谷，有两个进出口，一个为城区出发位于公路右侧的主进出口；另一个为沿着公路再前行约1千米，位于公路左侧的打柴窝北门进出口。布依民俗兴义陈列馆就位于这两个入口之间。

如果你是老年人，进入景区主进出口，走一段缓坡路后，有直下谷底的观光电梯。当然，如果你是喜欢攀登的人，还可以选择景区步道走进峡谷。这条步道，风可闻，甚至可以听到叶落声声，更能够感受到"之字路迤丽"的诗意。游客可从主进出口下，在峡谷游玩后，原路返回乘观光电梯上景区入口；也可不返回，攀登峡谷岸壁从打柴窝北门进出口出，走千米公路至主进出口停车处。当然，如果你不想走回头路，也可直接把车开到打柴窝进出口，游玩之后直接乘电梯从景区主进出口出峡谷，走千米公路，回到打柴窝北门进出口停车处。

地质历史上，马岭河峡谷因暗河顶部坍塌而成。谷底宽30到50米，最窄处仅20米，而两岸垂直谷坡高度为100至150米，最高处近200米，谷坡近乎直立。

随着向下延伸的步道，两岸峭壁给人的感受越来越强烈，而峡谷流水的咆哮声，也越来越清晰，竟然能够让人产生一丝探险的意味。到了谷底，抬头仰望，高耸的峭壁表面仿佛是巨刀劈就，组成峭壁的岩层厚薄不一，层层垒叠，直入天际。数十米宽的峡谷顶部，现出一线蓝天，"天沟地缝"的美名，确实名不虚传。

历经千万年风雨浸蚀，马岭河峡谷峭壁表面呈现灰、白、黑、土黄等颜色，岩石间布满青草灌木藤蔓，一些树木依靠气根在岩石缝隙间顽强地生长，把一片片翠绿散布在近于垂直的峭壁各处。这些悬挂着的生命，随着谷风轻舞，配合着虫鸣鸟唱，与谷底哗哗啦啦的流水声遥相呼应，唤醒一谷生机。

峡谷就在城市里，抬头就看到了桥跨两岸的壮观，壮观里的天沟地缝一线天，除了听闻大自然的天籁，没有一丝城市的喧嚣。

水体组构与崩塌石

马岭河河道的自然坡降高达千分之十四，河道上没有壶口瀑布、黄果树瀑布那一类主河道裂点大瀑布，而以众多落差较小的跌水代之，非常适宜漂流。马岭河漂流是祖国大西南之一绝，已开放的漂流线长达12千米，四季宜漂，从未出过漂流安全事故。

漂流之旅，马岭河十分奇特和壮阔的景观一览无余。涨过端

峡谷彩虹

午水后的丰水季节，100多条瀑布从河谷两岸悬崖绝壁飞流直下，大者气势磅礴，小者如珍珠飞洒，河谷里水雾弥漫，彩虹频现，很多时候，就在你的身边。群瀑依托嶂谷的幽深，峡谷凭借群瀑的灿美，从更高层次上塑造出一幅幽谷诗画美景，在我国瀑布景观中是独一无二的。

马岭河瀑布群的形成，得益于独特的地质地貌结构。峡谷所在地，地表透水性较弱，雨水很难渗透进地下，有利于地表小河流的形成和汇集，就形成了众多瀑布飞坠峡谷的壮丽景观，成就了世界上独一无二的马岭河峡谷瀑布群。

马岭河峡谷两侧，是由石灰岩组成的近于直立的谷壁。谷壁之上还有一些地下泉水的出露，于是，一些泉水便从近于直立的

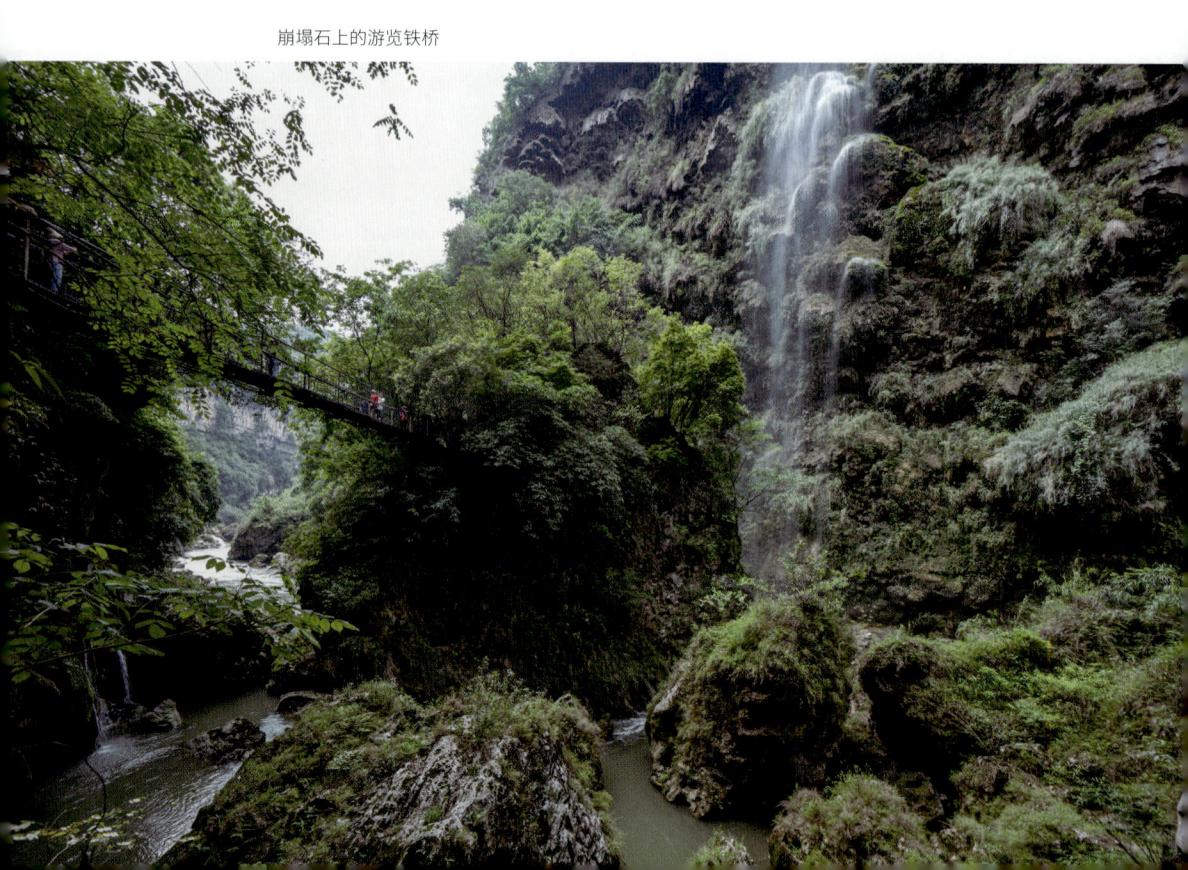

崩塌石上的游览铁桥

嶂谷岩石面的不同高度冲出。由于岩石面近于直立，这些泉水也像瀑布一样，临空飞泻，形成了泉瀑景观。这种被称为飞泉的泉瀑景观，在自然界中是难得一见的奇妙景致。当你身处峡谷之中，一定要仔细观察，找到这些从岩壁里冲出的飞泉。

汹涌奔腾的河床流水，直坠千尺的瀑布流水，岩壁涌出的飞泉流水，以及由这些流水激荡起的满谷水雾，共同营造出深邃嶂谷的水体组构。晴天朗日，总会有道道彩虹扎入谷底，让游客触手可及。因此，马岭河峡谷又有"彩虹谷"的美誉。

正因为这样绝美的水体组构，丰水季节前往峡谷之前，无论漂流与否，最好备一件雨衣。当然，如果你就是要无比亲近地接触大自然，也可融入其间。

在幽深的峡谷里随波逐流，滩阔浪缓处，尽情浏览峡谷两壁风光；滩陡水急时，紧握皮筏扶手，享受奔腾飞跃的狂放。就在游客尖叫失声的当口，一墩墩巨石突然出现在前方河道中，皮筏朝着巨石扑上去。游客不知所措之际，技术娴熟的驾筏师傅竹竿轻点，皮筏微微一侧，悠然绕过巨石，继续追逐洁白的浪花，划进一片水流平缓的潭里。

游客回过头，眺望兀立河道中的那些巨石，只见它们周身布满蜂窝状的浅浅坑洞，遍体覆盖青苔，有的巨石上长满低矮的灌木草丛。飞瀑流水间，磐石周围，水雾弥漫，劲风轻吼，各种植物枝摇叶动，轻歌曼舞，正在游客舒缓心情依依惜别之际，水流突然加急，又一礅巨石扑面而来……

这些巨石，是地质历史上地下河顶板垮塌留下的产物，马岭河峡谷成长过程的一个标本。顶板崩塌，没有顶板的河流汇集了更多的支流河水，在汛期和雨量充沛的年份，奔腾的山洪一遍遍冲刷着马岭河谷，那些崩塌下来浮在河谷表面的石块，体积较小重量较轻的，被急流带往下游，成为下游某处河滩的沙粒卵石；块头巨大本身很重的，河水冲不起，它们就生了根一般，稳稳扎在原地。天长日久，许多巨大的石块上就长了兰草，伴随着青苔，远远看去迎着水流随风轻摆，摇动出峡谷幽深处的无比空灵。

天星画廊与岩壁洞厅

在马岭河峡谷的峭壁间，钙华堆积密集，是这条大峡谷又一独特的自然景观。

钙华又称石灰华，是由岩溶泉、河流、湖水沉积形成的。简单地说，水与石头中的某些成分发生化学反应，石头被溶解；在温度、压力适宜的环境下，这些被溶解的石头与水脱离重新沉淀，生成次生碳酸钙，依附在植物上，形成整体较薄，孔隙较大的壳状、块状石头，这就是钙华。

马岭河峡谷中，钙华堆积十分丰富，在天星画廊步行游览段，高120至150米，长约2.5千米的嶂谷悬壁上，层层叠叠绵延不断。这些呈垂幔状、肺叶状、鳞片状以及扇状等形态各异的钙华堆积，面积达20万平方米以上。

在景区步行游览段，峭壁上钙华堆积层出不穷，形状千姿百态。有些钙华体，所依附的青草灌木藤蔓没有完全被碳酸钙覆盖，看上去石中有草，藤中有石。峭壁顶端的瀑布和峭壁间涌出的飞泉倾泻而下，有的直落谷底，有的遇上钙华体阻拦，根据钙华体表面形状分流而下，洒下一串串水帘。很多地方，钙华体重重叠叠，水流逐层下泻，聚而又分，分而又聚，反反复复，好似变幻万千的晶莹珠帘，形成自然界中极为罕见的钙华瀑。

峭壁、瀑布、飞泉、钙华堆积、悬崖藤草，放在其他地方，每一样都是一道悦目的景致，组合在一起，自然是一幅美轮美奂的山水长卷，气势磅礴，动静相宜，不能说绝无仅有，但定是世间罕见。

除了神奇的钙华，在马岭河还是地下河，还没有出露地表的时期，它的两岸并不是规规整整笔直一线的，跟现在的许多河流一样，有水流湍急的险滩，也有流水平缓的河湾。在那些河湾地段，河水还会倒旋回流。与地下河相伴的，还有大型水平溶洞。

水是任意流动的，可以按照自己的方式去冲刷岩石。兴义的岩石，大部分都能够溶解于水。因为所含物质的不同，岩石被水溶解的速度也不尽相同。当年

钙华瀑

的地下河两岸，有的岩壁深深向内凹进一片，还有的地方，外面的岩石还没有被溶解，内部的岩石被水侵蚀掉，形成穿洞模样。于是在地下河两岸的岩壁中，就形成了一个个大小不一的洞厅。地下河顶板崩塌，两岸洞厅出露。河水不断冲刷河谷，切割河床底部，对高处的喀斯特洞厅却没有直接冲刷，峡谷两壁的洞厅按照自己的方式演进。钟乳石不断生长，岩石表面慢慢爬满青苔。

因为水的作用因素的不同，溶洞从地面、洞壁到顶板，被塑造出各种不同的模样。游览马岭河峡谷步行段，形态不一的洞厅随处可见。而游客就是通过不断在洞厅里穿行，不断前进。有的地方，靠近河道的洞壁已经被水流溶穿，就像在岩壁上开了扇门或窗，而一条瀑布恰巧飞坠直下，就像来到了美猴王的水帘洞天。

天星画廊观景台

自然空调里的生物天堂

在马岭河峡谷景区范围内,生活着金雕、穿山甲等国家重点保护的珍稀动物。在马岭河峡谷湿地公园,天空中除了能够看到正在降落的飞机,还能看到鹞鹰、白鹭在展翅翱翔,这里是拍鸟者的乐园。无论晴空万里还是细雨绵绵,总能看到挎了"长枪短炮"的拍鸟爱好者在湿地公园的芦苇丛、菖蒲丛边穿梭。为了拍摄到一只鸟,有的爱好者甚至能够三五天里每天早早前往。

峡谷两壁,同样是小动物的天堂。前往峡谷谷底的之字形小路上,不时能看到欢快的小鸟飞上枝头,灵动的壁虎游进灌丛,美丽的蝴蝶翩翩飞舞,像是要去追逐那时时都会出现的彩虹。曾

一线天下的动植物天堂

经，峡谷两岸的村民还会下到谷底撒网捕鱼。激流中的鱼儿，味道更加鲜美。

　　马岭河峡谷两岸谷壁虽然近于垂直，但无数的树木、灌木、藤类植物见缝插针，依靠岩石缝隙里的一点泥土滋养，就顽强生长。下到峡谷的步道，就掩映在树林之中。当你行走在从绝壁上凿出来的石内步道，偶尔遇到一棵榕树的根从头上的石壁垂向脚

下的石壁，就能够感受到生命的顽强。

在峡谷壁顶缓坡处，珍贵的贵州苏铁片片相连；谷壁步道外，灌丛、竹枝掩映着对岸瀑流，不时有藤茎挤出石缝，从头顶垂下道边；谷底，崩塌石上一簇簇野兰随风摇曳。在垂直落差约200米的峡谷谷壁、谷顶缓坡地带，植物立体分布差异性十分明显。这样的植物分布特点，对于植物学家而言，马岭河峡谷里经常发现惊喜，例如2022年9月，植物学家就在峡谷里发现了叶下珠科木本植物新种——马岭河算盘子。

据调查研究，马岭河峡谷里的植物一千种之多，并且生物特有性极强，如马岭河抱春花、马岭河蜡梅等，不但是珍稀植物，而且还是很好的中草药，仅生长于马岭河峡谷这一独特的环境之中。

天然的立体地形地貌，不但造就了生物独特性、立体的生物分布，也造就了立体的气温特点。走进马岭河峡谷，就走进了自然空调，感知到真正的夏无酷暑、冬无严寒。

在最炎热的夏日，建议游客上午游玩别的景区，午后再前往马岭河峡谷。因为就算艳阳千里，从你走进峡谷开始，就会迎来徐徐凉风。越往峡谷深处，浑身上下越清爽。

马岭河峡谷是兴义开发得最早的景区，基础设施十分完备。畅快地游玩之后，在景区售票处前的广场内，能找到许多兴义特色小吃。景区内还有一些苗家传统餐厅，苗家酸汤鱼十分吸引游客，品尝美味的同时，还能够了解到苗家的千年迁徙翩翩之旅，欣赏到热情奔放的苗家歌舞。苗家姑娘们的一曲敬酒欢歌，赶走旅行的疲惫，带来人生旅途中的惬意。

CHAPTER 05

南盘江上万峰湖

这里再不是桀骜不驯的南盘江自然河段，而是变成了美景天成、鱼肥水美的旅游胜地，现为国家 4A 级旅游景区。

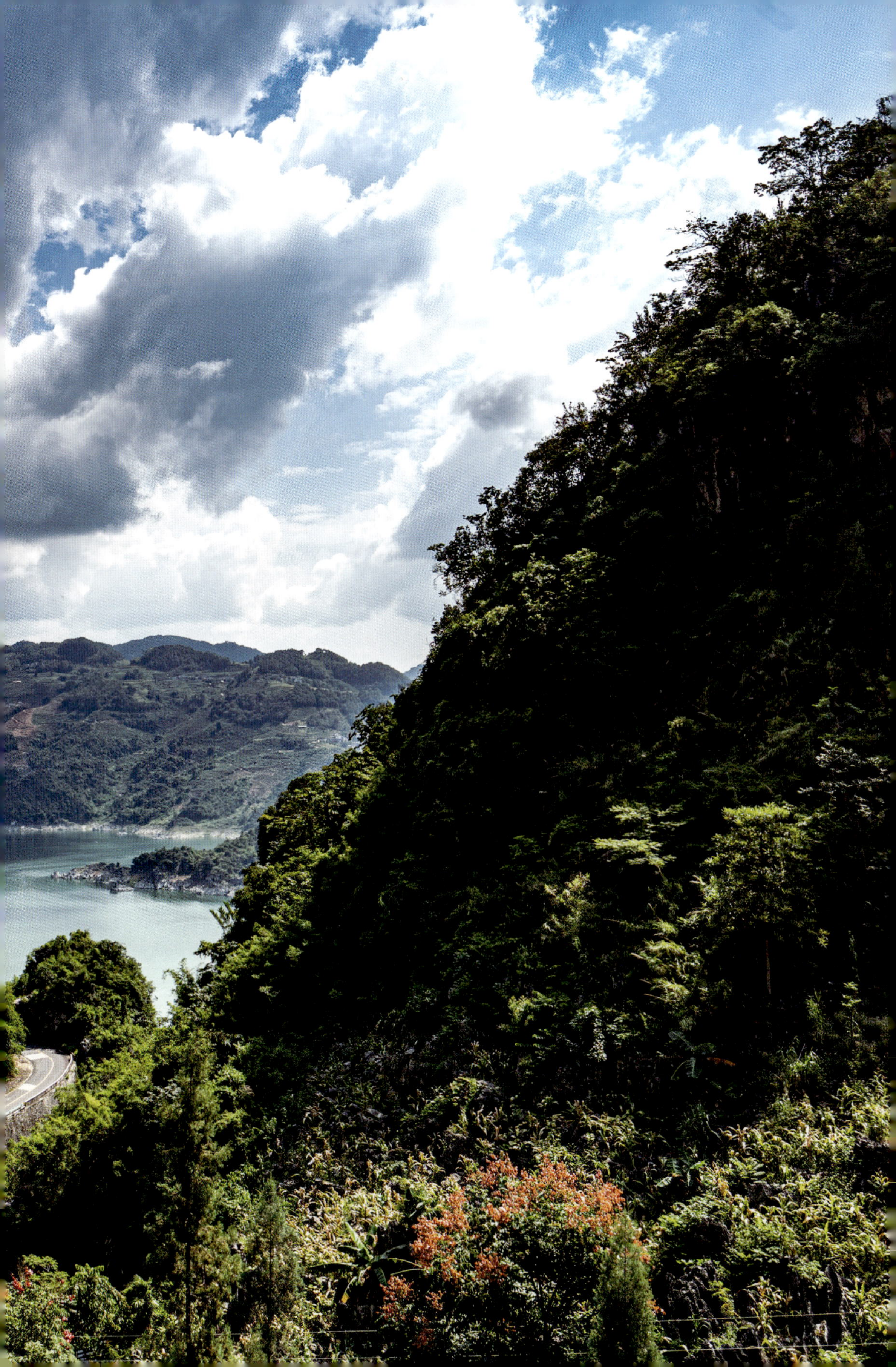

■ 带一本书去黔西南

野钓乐园

万峰湖水域面积大，水中微生物丰富，为多种类的野生鱼提供了优越的生存环境，因丰富的鱼类资源，被誉为"野钓乐园""野钓者的天堂"。截至2023年，连续举办了17届"中国万峰湖野钓大赛"，是全国钓友心目中的野钓圣地。每届大赛结束，无数各地钓友总要喊一声"明年再战"。

黔西南有钓鱼的传统，时间最早可以追溯到几千年前。2010年10月，贵州省文物考古研究所在兴义市万屯镇阿红村进行公路建设前期的考古调查，惊喜地发现了秦汉时期的古遗址、古墓葬，出土大量玉器、铜器。最重要的是经人类学家研究分析，

纯正野钓

认为墓群里的人，无论男女，四肢骨的发育普遍较细弱，肌嵴发育不明显，生前少有从事较重的劳作，与一些土著民族渔猎的生产特点相吻合。

如果这还不能够说明问题，在黔西南州普安县战国至秦汉时期的铜鼓山遗址，还出土了当年制作青铜鱼钩的石范，范上的鱼钩形状，钩把、钩尖、倒刺一应俱全，与现代的鱼钩毫无二致。数千年前，这片土地上已经有了垂钓江河湖泊的前人。

对于一般钓友而言，万峰湖有润龙湾钓道，总长7.8千米，沿钓道设立两处垂钓服务点，除了供游客垂钓外，观光、露营、

彻夜鏖战

健身者络绎不绝。

在万峰湖,"野钓夫妻档""抛竿父子兵"不难见到。除了白天有闲暇时间的野钓爱好者,许多钓友下班之前就开始邀约好友,把一段休息时间交给万峰湖,从渔舟唱晚钓到满天星光。

资深钓友都有自己心仪的几道湖湾。于是,万峰湖畔,五颜六色的遮阳大伞就像一朵朵绽放的花儿,伞下除了凳、椅,还有桌、酒,甚至还有锅碗瓢盆、菜刀菜板和便携式燃气灶。有部分钓友常来万峰湖,认识了许多沿江居住的布依朋友。布依朋友就为他们提供服务,平整钓位、提供饮食,还为钓友舀来家里自酿的米酒苞谷酒,在欢快中增加一笔收入。

黔西南日报社的一位老师天天往湖边跑,不但学会了钓鱼,更在钓友的口中收集到无数趣事,撰写出一本《鱼钩上的万峰湖》。故事里,有专门买了条小船,在船上一住就小半年的上海老钓友,害得他的子女每隔个把月就要从上海赶来看望一下;有把企业从云南搬到兴义的老板,为的就是闲暇时间能够前往万峰湖畔抛上几竿;有当地寨落里的小伙,肉眼看到了湖面下的不平静,买来以斤论的五花肉,用抬秤的秤钩钓上百斤大鱼;有之前时常责怪丈夫只知钓鱼,不管家务不管孩子的妻子,最终也两天不去万峰湖就浑身难受……

这里就是万峰湖了,清晨日出,展翅水鸟下,钓钩已抛河湾,拉扯上一条条罗非、翘嘴、江团、黄辣丁;暮霭残阳勾勒浮云金边,斜阳余韵里湖风轻抚,水波粼粼,峰映湖湾,美景如画。

红椿码头

　　游览万峰湖，红椿码头是不得不去的地方。

　　从兴义城出发，沿着景湖大道前行约 14 千米，顺着大道边红椿码头路口指示牌东转，经洋坪天坑大约 10 余千米，就会到达红椿码头。过洋坪天坑后的几千米，汽车行驶在万峰林的东峰林之间，这里本身就是兴义国家地质公园八大景区之一的东峰林腹地，与万峰林景区相比，峰林、峰丛更显雄奇。奇峰下的芭蕉林、黄桷树，瘦石间的翠筋竹、灌丛枝让人心旷神怡。林向岩边冒，路在石中穿，车在林中行。车程途中，就是一次惬意的喀斯特穿越之旅。顺着盘山公路蜿蜒而下，当万峰湖面透过山峰瘦石和石

吉隆堡

带一本书去黔西南

上树枝、灌丛隐隐约约显露出来，宽广畅爽的感觉就油然而生。

　　码头自然是要坐船的。从游客休息区走上登船码头，踏步边巨大的山石裸露，几乎没有泥土的石缝、石窝里，仙人掌参差生长挤满石面，展示着顽强的生命力。

　　登上游船，水上石林展现在眼前。我国南方是喀斯特地貌发育较为完全的地区，喀斯特地形地貌主要有四大表现类型：一是以广西的桂林为代表的塔状峰林；二是以云南的路南石林为代表的柱状石林，也叫针状石林；三是以兴义万峰林为代表的锥状峰丛、峰林；四是以重庆天坑群为代表的天坑群。而万峰林的水上石林，则为典型的柱状石林。

水上石林

游船开动，连片的水上石林仿佛也跟着移动起来。这时，游客在船舱里是坐不住的，哪怕艳阳高照，也抵挡不住拍摄美景的冲动。站在顶层甲板上，千万不要去管身边的嘈杂，因为所有的游客，都在惊叹水上石林的壮观和秀、奇、美、绝。而那水面的石林倒影，随波荡漾。近景，水石相映，鬼斧神工；远景，峰丛连绵，海阔天空。船入湖心，石林边、缓坡处，野钓的遮阳伞就盛开出一朵朵、一串串。别的游船相向而过，两船游客情不自禁摇臂相呼，仿佛老朋友一般。

旅程之中，有一处万峰林著名打卡点——吉隆堡。吉隆堡本来就是万峰湖内的一处旅游度假区。在这里，一座湖中孤岩远离湖岸百余米，一片欧洲中世纪形状的城堡占据着岩顶，连接湖岸与城堡的拱桥拱弧轻盈，更将城堡衬托出世外之境。游船城堡下调头转向，随着螺旋桨的推动，城堡一点点遥远起来，让人幻想着这里的落日余晖。

游船调头，不是要驶回登船码头，而是直奔另一著名景点——坡阳入湖口。坡阳入湖口是南盘江一级支流马岭河峡谷奔流扎入万峰湖的地点，这里，保持着马岭河峡谷的两岸绝壁。因此，被称为"小三峡"。船靠近入湖口，绝壁需要抬头仰望，悬崖上风霜的包浆斑驳遍布，偶尔挤进岩石的几枝小树十分孤独。船进峡谷，两岸压迫扑面而来，虽无两岸猿声，却感船如轻舟。在这里，感受却又不似马岭河峡谷的幽、险、秀，而是生出开天巨斧的豪迈，河山大好的感慨。

磅礴的气势，使得红椿码头曾经是第六届贵州旅游产业发展大会的主会场。

■带一本书去黔西南

江边老镇

出兴义城，景湖大道全长约 25 千米，终点是南盘江镇。兴义城区与南盘江镇的交通，有城区客运南站和南盘江镇客运站的乡镇客运汽车保障。乡间集镇过去叫巴结，历史上渡过南盘江前往广西百色市隆林县的老渡口之一。如今，渡口犹在，也有游船，船行东北，可观气势不凡的天生桥水电站高坝。站在甲板上眺望，北岸是贵州兴义市、安龙县的布依寨落，南岸则是广西隆林县的壮家风光。

南盘江镇辖区总人口 23 万余人，布依族占比高达 58% 以上，是典型的布依族群众聚居区。这里历史悠久，在镇区文化服务中

老镇乡集一角

心长廊里，竖立着一通明代修路碑刻，碑文记载，大明广西右江安龙长官司下剥挠村信女黄氏为其子祈求平安，修缮道路，乡人因之立碑。这是兴义市目前发现的时间最早的一通碑刻，见证了汉文化在布依族先民聚居区的发展历程。

同一长廊内，还立有一通镌刻于清光绪二十九年（1903）的巴结军功碑，记述了当年广西全境经历先旱后涝、霍乱流行的"壬寅奇灾"后，饥不果腹的群众纷纷加入会党军。当年九月初二，会党军万余人渡过南盘江，攻破巴结、箐口一带靖边团营所设的沿江防线，进而攻占兴义县城的往事。

历史的伤痛早已成为回忆，如今的南盘江镇，布依群众与汉、苗等兄弟民族群众团结奋斗，和谐发展，齐奔小康。他们依托良好的沿江气候、生态条件，发展出成千上万亩的芒果、甘蔗、柠檬、沃柑等水果种植基地。游客走进镇里，就可找到它们，品尝到甜蜜。

当然，南盘江边上的集镇，舌尖上的味道离不开布依人家的盘江鱼。周末节假日，就算没有来外地朋友，许多兴义人也会聚拢一家老小，到南盘江镇坐坐游船，或是踏上沿江步道，陪伴老人、孩童，领略江风，放松心情，享受生活。末了，就找一家布依鱼馆，点上布依酸汤鱼、酸笋鱼，还有煎炸小鱼，爽口酥骨。

布依鱼馆的主人，大都淳朴大方，热情似火，在这里，不用担心会被宰客。如果你是外地游客，就跟鱼馆主人家聊一聊吧，了解一下南盘江边的风土人情，布依人家的过往将来。

如果你去的那天正好是星期三，那就得准备好相机和心情了。每到这一天，天麻麻亮起，四乡八寨的各族群众就开始从条条山

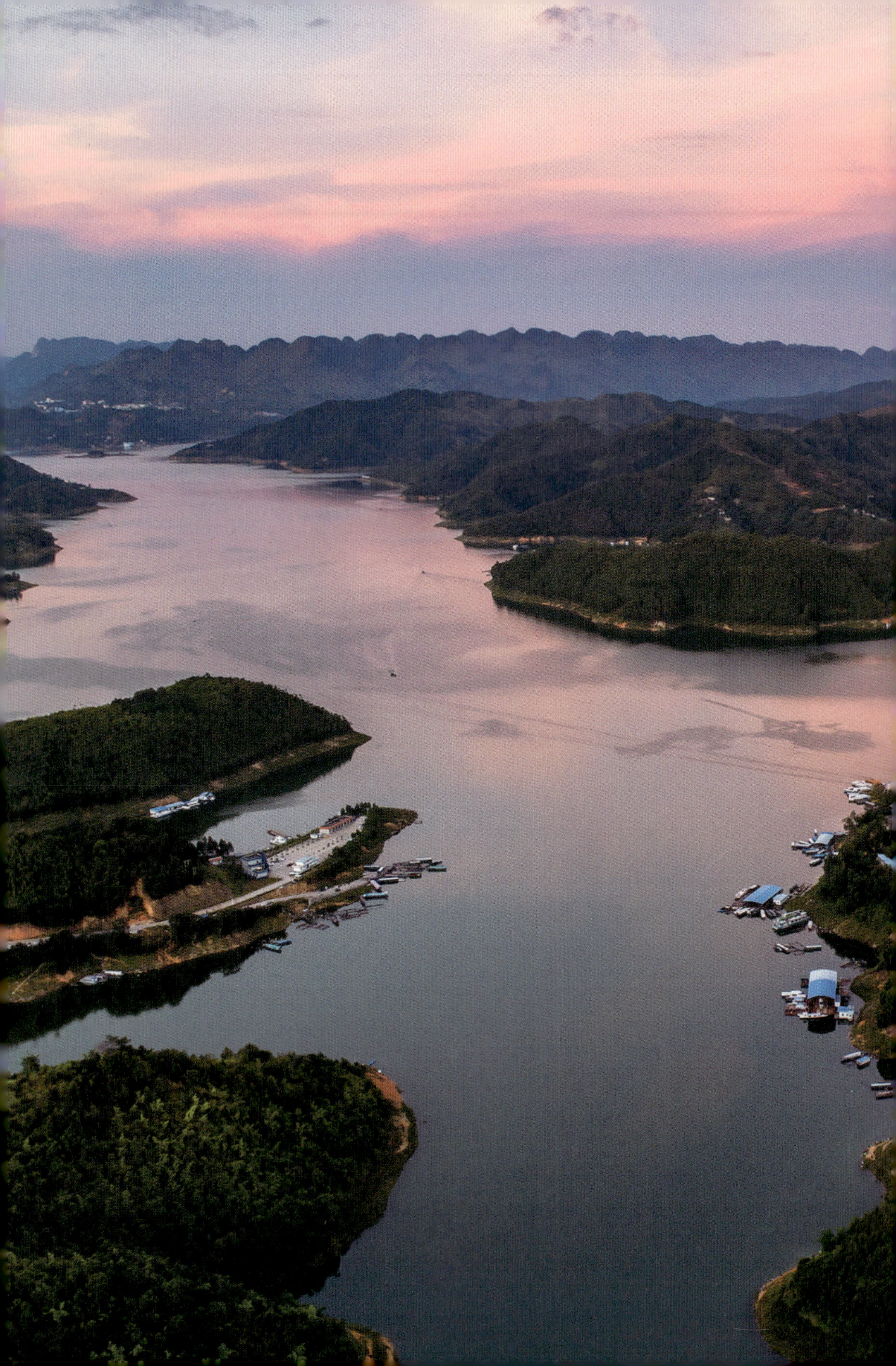

巴结老镇（江对岸为广西隆林县）

道、水上码头往集镇汇聚——赶巴结乡集。当游客来到之时，乡集上早已是人头攒动，吆喝四起。此时，定有不少老人已经围坐便饭摊棚，喝起了江边早酒；不住一寨的老阿姨乡集偶遇，就背着背篼当街叙旧。她们的背篼里，或许就是最正宗的当地土特产。

于现在城市人，这样的乡间集市很难见到了。走走逛逛，铁匠棚、鸡鸭摊、凉粉摊凉棚相连，讨价还价叫卖声此起彼伏，浓浓的生活味。不经意间，你的身边挤过了拖着鼻涕的乡村孩童，身侧一窝萌萌哒的待售幼犬，眼里一张刻满风霜的岁月欢颜。在乡集上，不要考虑去买什么，只需去享受生活。

江边老镇有江风，江边老镇也有渔火。跟着布依老乡淳朴一天，如果你不想在这儿寻找一家乡间小客栈，开半个小时的车，就能回到城里的宾馆。

波涛上的运动激情

万峰湖不仅有江畔故事，它的水域面积相当于2个大理洱海，76个杭州西湖，最深处170余米，如此规模，当然离不开水上运动。喜欢追波逐浪的游客，就去瑞龙湾吧。

从南盘江镇区出发，车行西南，大约3千米就到达瑞龙湾。车未停稳，湖边数十米长的塑料浮桥、一座座浮屋就映入眼帘，它们随波轻轻晃动，像是在对游客招手，帮着万峰湖发出盛情邀请。它们是为登上快艇、摩托艇、大黄鸭等水上运动、娱乐设备、游玩中的休息和安全工作人员的岗位而搭建。相比于瑞龙湾7.8

南盘江上万峰湖

皮划艇竞赛 兴义市万峰湖旅游公司 / 供图

南盘江坝盘桨板运动

千米钓道垂钓的静,这里是动感世界,激情满溢的运动乐园。

如果要追寻乘风破浪的快感,就登上快艇,看艇尖斩浪,观湖光山色的动感。快艇之旅,看得见湖岸上的半岛养老公寓,绿树围护着半岛四围,红瓦掩映在绿树丛中,完全符合江边布依人家村在林中,屋在树下的传统建筑习惯。快艇把山景抛在身后,而游客稍一眺目,水面的前后左右,近处是座座半岛,倒映在湖面;远景群峰环绕,层层叠叠,林木葱葱,山透黛色。在这里,你就知道这座高原平湖为什么要取名"万峰"了。伴着快艇穿过的江风,沐浴蓝天白云的清新,艇在疾驰,心在飞扬。

如果要更进一步,追逐速度与激情,就骑上摩托艇吧,亲自掌控龙头和油门,带上情侣、兄弟、姐妹,放飞青春。

要是游客带着孩子,就选择大黄鸭沙发、水上自行车,或是穿上救生衣怀抱动力浮板,让孩子亲近自然,锻炼体魄和胆量,让旅程留下深刻记忆。

瑞龙湾有新兴的水上运动桨板,深受中青年朋友喜爱。站上桨板,手挥划桨,试试你的平衡,不枉亲水之行。这里,还有检验体能的皮划艇,考验学习能力的水上跑车。当然,如果游客本来就是行家里手、运动达人,就尽情地翱游高原平湖,放飞自我吧。

瑞龙湾还有龙骨帆船,一次可乘坐6人。登上帆船,既可体会扬帆远航的水手生活,也可学习风帆动力的运动技巧。

万峰湖里,由于万峰林机场航线的原因,红椿码头是禁飞区。而在瑞龙湾,游客则可放飞小飞机,从空中领略湖光山色,拍下一张张精美的照片,用镜头留下家人与万峰湖的互动,留下旅友掌控摩托艇的激情。

摩托艇竞速 兴义市万峰湖旅游公司/供图

  激情运动后，游客要是不舍离去，瑞龙湾可以露营，在月光下听风，在星幕里烧烤。但要烧烤，游客出行前就得多费点心，自备烧烤食材和工具。瑞龙湾管理部门允许开展烧烤活动，但不提供相关食物和工具。同时，无论你是在这里野钓、运动还是烧烤，都要提个小小的建议——文明旅游，环保出行。不要让白色垃圾漂上湖面，也不要让餐后油渍淌进湖水。

CHAPTER 06

打卡点数不过来的
阳光谷

山的王国,水的世界,花的海洋。

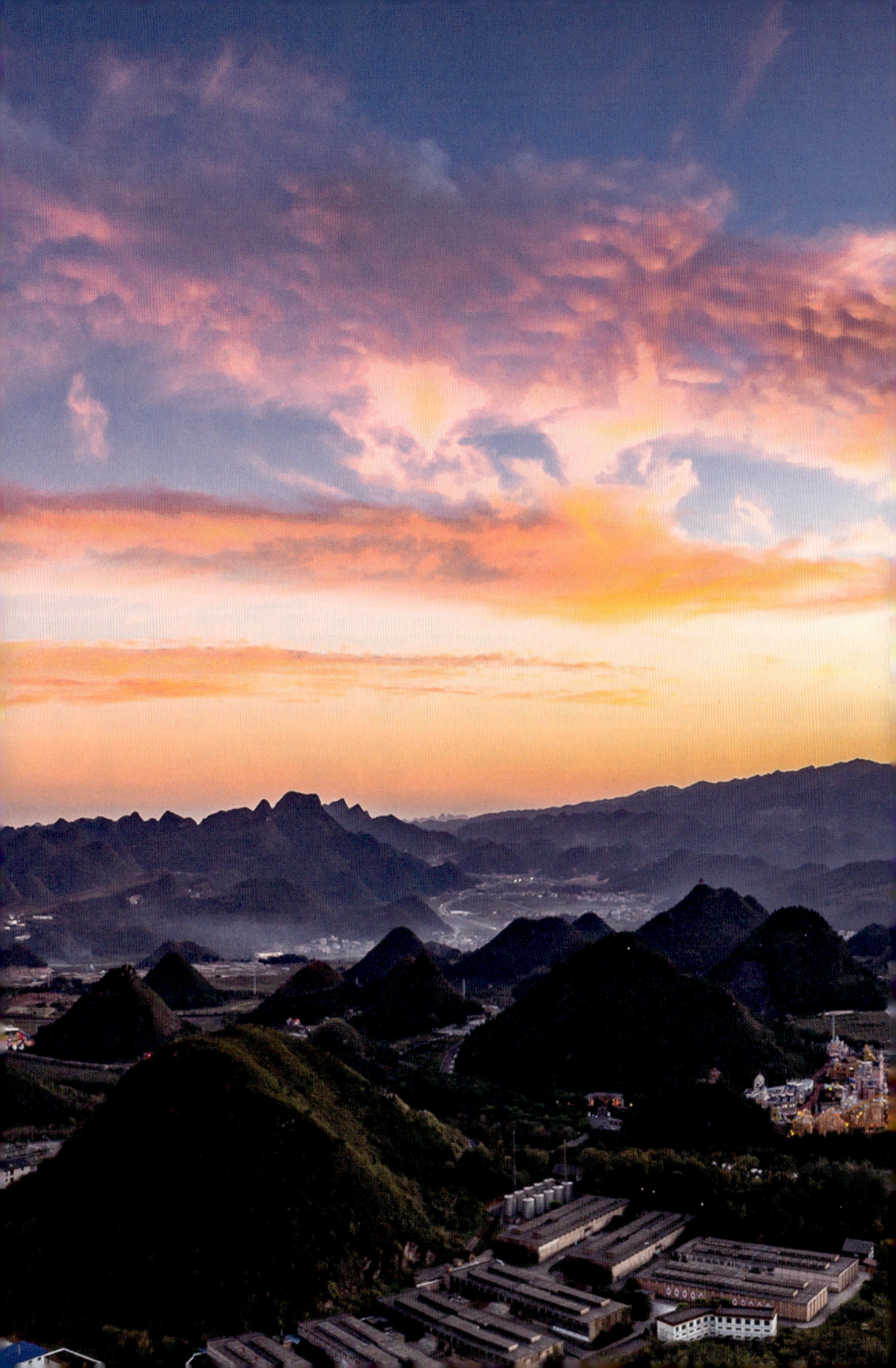

■ 带一本书去黔西南

城中花海

　　许多来过兴义的游客,都赞叹这里是山的王国,水的世界,花的海洋。在阳光谷,一条小河从西北向东南穿越整个景区,河谷两岸,就是花的海洋。独特的高原山地造就出这里的丘峰溶原地形,小河两岸宽阔的平坝上,一座座小山峰竹笋般拔地而起,让游人的视野里的景区,时而通透,花海浩瀚;时而林木葱郁,曲径通幽。

繁花似锦

山峰矗立、河谷环绕的景区里，花有高矮，品种多样，既有樱花、桃、李、梨、桂、梅、碧桃等树花，也有黄金菊、千鸟、百合、鼠尾草、迎春花、木春菊、酢浆草、杜鹃等花草。秋日尽头，成片的向日葵怒放，迎着骄阳。阳光谷，一年四季百花齐放、姹紫嫣红、五彩缤纷。

这里种的花，绝不刻意平整花地，它们连绵起伏，如波似浪，引来了蜜蜂的嗡嗡轻唱，蝶儿的翩翩起舞。凑近花枝，瓢虫在漫步，蚂蚁在劳作。

临近小河边，游人从一片片粉紫里看到静静绿波上荡漾着的画舫，仿佛来到了苏杭水乡。换一身汉服，坐上画舫头，拍下红楼梦里的景象。此时，人未见声已至，河边传来深沉的萨克斯或是悠扬的胡琴曲，树树花儿跟着微风，还有枝头的小鸟，都听得沉醉了。

阳光谷里的一座座孤峰，就像放大版的盆景石山，与其脚下的平坝落差也就一两百米。有一座小山峰，依山就势修建了人行栈道，登上峰顶观景台，就明白了为什么会有"繁花似锦"这个美丽的成语。在这里，听风、赏花、牵云，看观光车穿梭、看游人漫步，不一样的心境。

花儿向阳，倾吐芬芳。观光车徐徐前行，风里，还带着泥土的清新。漫步在花海里的游人，春衫秋裙也像花儿一样，让花海更添动感。打卡的镜头，留下家人的快乐身影，孩子幼小的记忆。

阳光谷没有午休，艳阳当空也正好打卡。不信你就驻足，看那行道枫树下不远处就有一群群的奶奶、阿姨，从随身的包里，一条又一条，变戏法般取出仿佛永远取之不尽的纱巾，摆出种种

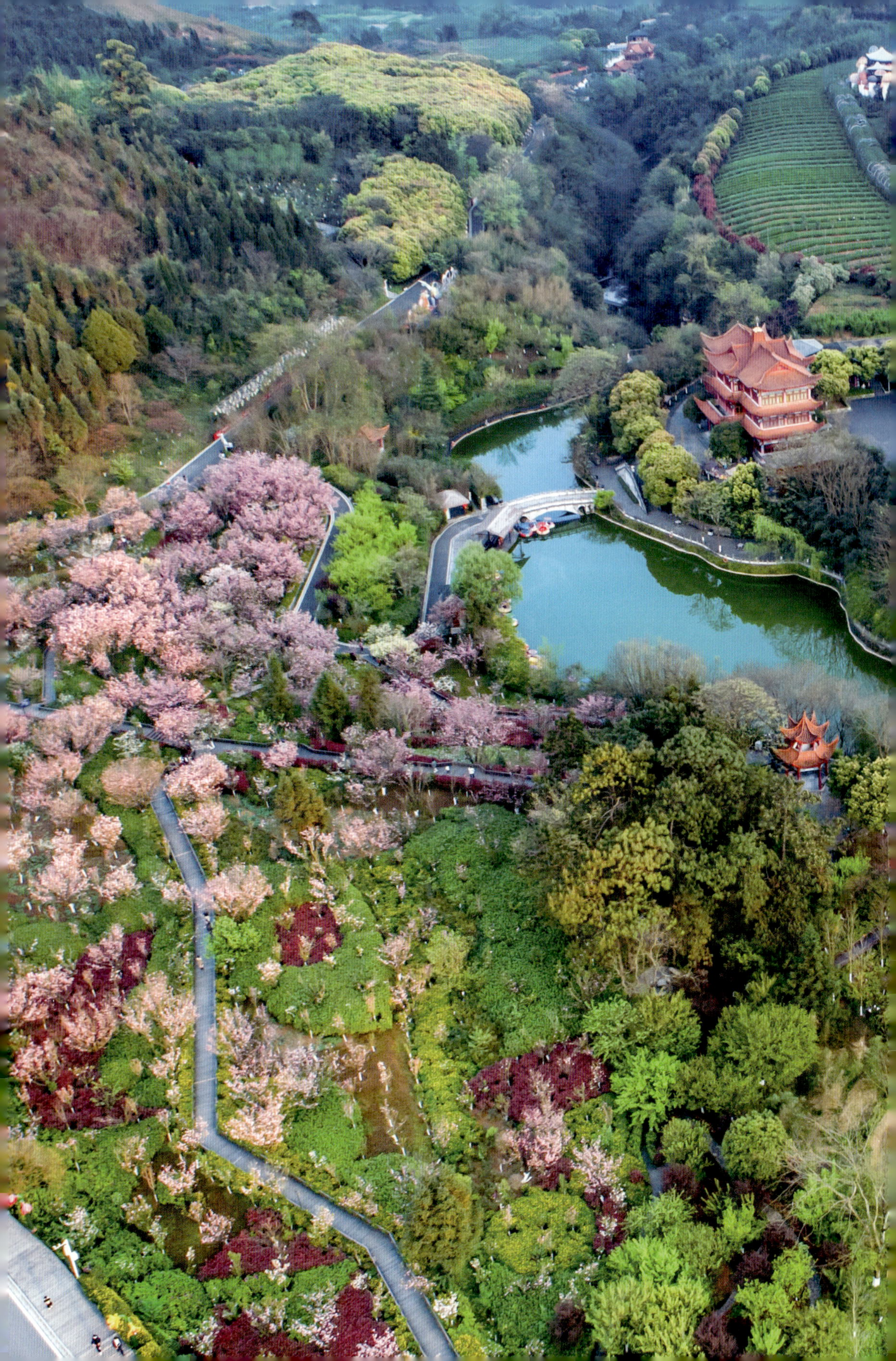

河畔花海

带一本书去黔西南

姿势,留下倩影,也留下风景。

当夜幕来临,树花间的灯带亮起,星星点点,人入火树银花,眷念穹顶月牙。花草间的地灯射出,与月牙儿同来的满天繁星交相辉映。

轻风抚过,阳光谷的夜,花儿们在低声细语。

触摸爱情

一湾碧水,树树花开,座座孤峰随意散开来,让出了条条山谷。翻过山巅翻过山麓,阳光入谷。鸟儿鸣唱,花儿苏醒,峰谷积雾成云,当然要以花为媒,打卡爱情。

小河南岸,百余米心形花架连接出一条长廊,三角梅、蔷薇等藤蔓植物爬上花架身、爬上花架顶,叶展花开的间隙,透下阳光缕缕,把脚步录述进让人心动的昏黄。花在动,叶在摇,却凝固了时光,因为这里是爱情长廊。

游人在这里擦肩而过,花架上挂了随随便便的字牌,涂鸦着爱情的心灵鸡

打卡点数不过来的阳光谷

花海里的一箭穿心

汤。年轻的妈妈牵着衣角，衣角属于把孩子扛在肩上的父亲；外婆追着外孙女，欢乐溢出眼角，外孙女的脚步歪来晃去，还在牙牙学语；少女的羞涩写在脸上，依偎着或许成为生活中的另一半，不知道是享受缕缕阳光，还是憧憬人生夕阳。

爱情长廊，风景在前方，人走在路上。出了长廊，顺着花海间的铺石小道左拐，三五座喀斯特孤峰围出了心形谷坝，花海谷坝的正中，一支长长的箭，穿透一颗大大的心。箭是游道，象征着激越；心是房屋，预示着找到尘世港湾。一箭穿心，丘比特的故里。这里，竟然有伊甸园的感叹号，走近心形的房，能够领到家的钥匙，婚姻的证明。

爱情长廊

那座有着观景台的孤峰，就在一箭穿心的坝地边上，一条上山栈道，自然是触摸爱情的通途，追寻生活的路径。游人走到这里，总是情不自禁跨上爱情栈道，慢慢登上峰顶，欣赏花海中的一箭穿心。

峰上观峰，群峰涌动。峰间坝地一片生机，归途或许就在明天，离别就将重返喧嚣，再次奔忙。就在这蓝天白云下，拍一张照吧。享受惬意，把生活交给你自己制定的格式刷，把这一天在记忆里留下。

峰巅上，天更蓝，风更新，发丝轻扬，飘飞心绪。瞧一瞧爱情长廊边的一波碧水，涌起水清鱼读月的宁静；俯瞰红顶心形建筑还有那周边如波似浪的花海，品读花静鸟谈天的意境。打卡色彩斑斓，心留爱情港湾。

绕着山峰，行驶在花海，观光车道其实也是步行游道，行道枫树的叶，由绿变黄，由黄转红，舞动出秋的音律。还没有来得及清扫的落叶，有的随风飘进空中，有的承托着陈年老酒般的步履蹒跚。树荫下，老爷爷推着老奶奶的轮椅，高矮背影，两头白发。

蘑菇酒店

兴义地处云贵高原，特有的生态、土壤是各种菌类喜爱生长的地方。每到季节，被称为野生菌之王的鸡枞菌就被乡村少年拧到公路边，被乡农提到市场上，总是一抢而空。而提到阳光谷，蘑菇酒店声名远扬，是度假景区里必须走进去的地方。一处处童

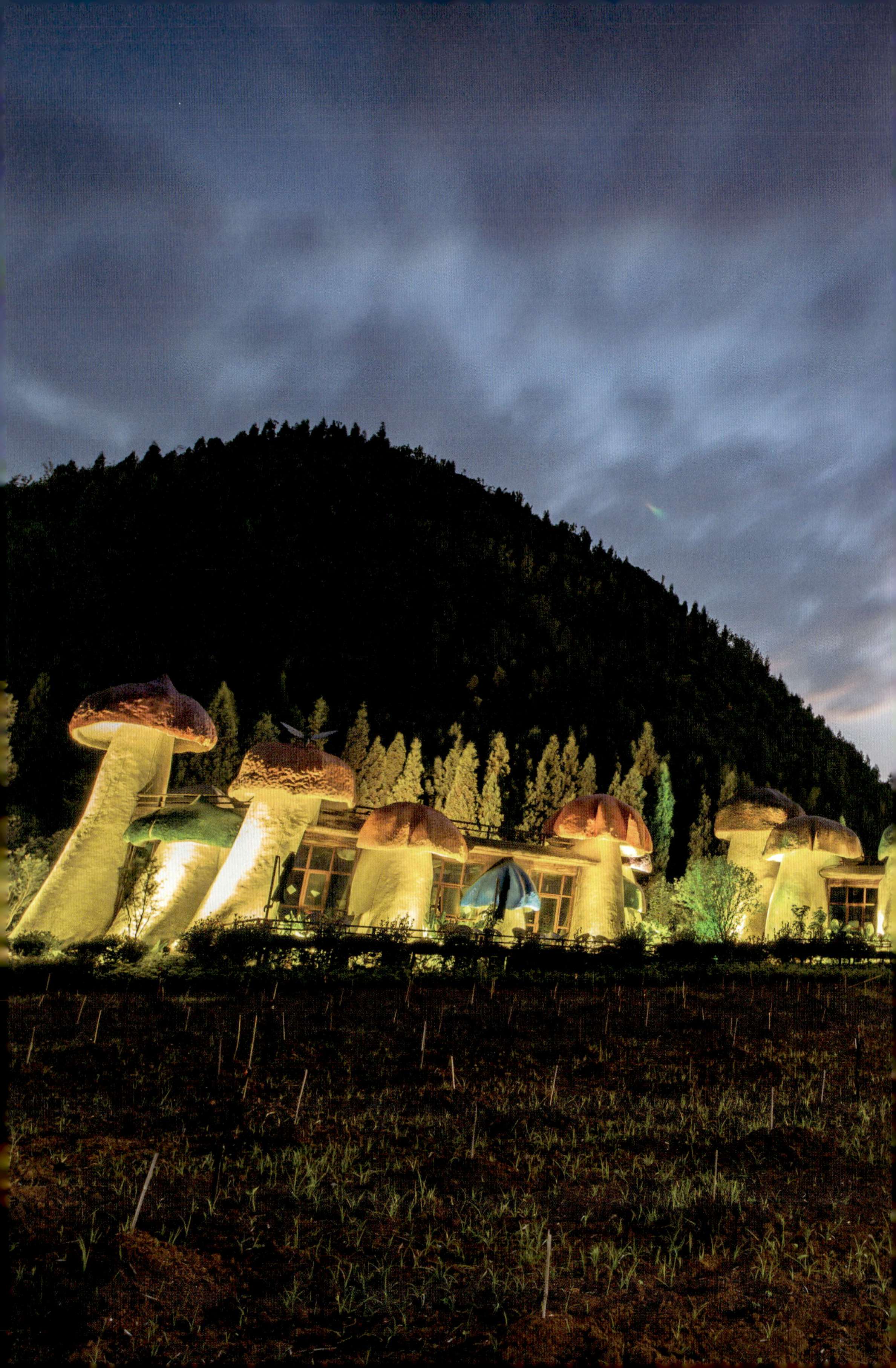

蘑菇酒店夜景

■ 带一本书去黔西南

话世界般的魔幻景象，彰显出脑洞大开的设计，仿佛现实版的《爱丽丝梦游仙境》。

就在平时，兴义许多年轻的妈妈们，会带着小宝贝前去住上一晚。闺蜜少女们聊着聊着，也会起意，在蘑菇酒店订一间房，去看看星星，看看阳光谷的夜景，相互透露有没有遇到爱情。节假日，酒店就一房难求了。各地游客若把兴义预订为放飞心情的下一站目的地，想要住进蘑菇酒店，建议至少提前一两个月查一

蘑菇酒店

查订房信息。

　　抢不到房不要遗憾，由蘑菇房构成的蘑菇小镇，室外对游客全域开放。走进镇口，褐色的交通道路与各种颜色的菌伞顶、茎秆面相得益彰。褐色道路，还是观光车通行的路段。车轮滚滚，就看见双翅张开了一条缝的七星瓢虫趴在门顶的圆弧上，茎秆上半蹲着高举两把利刃的大螳螂，屈腿的蚂蚱像是要从红色菌伞顶跳下，巨大的蚂蚁爬近窗户像是就要回家……城市里的阳光谷，沧峰下花海间的目不暇接，触手可及的童话世界。

　　蘑菇酒店是兴义本地游人的假日选择，也慢慢成为四方宾朋八面来客心中的打卡胜地。每日客满的蘑菇小镇，总有着洋溢着热情的旅客。碰到了，跟他们聊几句，谈谈视觉上的感受，叙叙心情，表达一下孩子想进屋瞧一下的兴趣。这时，大多居客会把你引领进屋，介绍他们临时的家，打开通往蘑菇屋外小庭院的门，把门外的水池近景，远处连绵群山的天际线尽收眼底。

　　孩子们来到这里，忍不住会奔跑。老人进来了，拐杖好像就不那么重要。从爱情长廊可以通向蘑菇酒店，在蘑菇酒店可以抛开碎在心里的片片疲惫。

　　落日西斜，拉开蘑菇小镇的灯光秀。红的、蓝的、紫的、黄的、粉的……夹杂在斑斑点点灯影里的小径弯弯，朵朵蘑菇伞面更加魔幻。矮植篱笆下青青小草里射出的灯光，让梦幻小镇更加绚丽，脚步慢移，好像会偶遇神话里的雪白玉兔、披帛仙女。

　　游客没有在这里订到房，也不用担心看不到梦幻夜景。从这里驾车返回城里的宾馆、酒店，基本也就二十分钟的车程，不会耽搁今日的休息，影响明天寻找美景。

CHAPTER 07

石林深处的何家大院

高耸的石峰，遍坡的石笋、石芽，满眼石头。一条被交通运输部评审为"全国四好农村路"的乡村公路在石头的世界里蜿蜒盘旋。

泥凼龙阴大山

石山之旅

　　从兴义到拢岸，兴义七捧高原仿佛在前路天际，十里坪大坝边沿峰峰相连，锥峰间道道冲沟扎向坝地，诠释着天地亘古，秀美风光在车窗外流淌。车过拢岸，地形地貌陡然改变，喀斯特的雄壮，让眼里布满视觉冲击。

　　石头被水溶化、蚀穿，水的万化无形，任何能工巧匠也不敢比拟。石漠化虽然严重制约着地方经济发展、居民生活质量，却是自然景致密集之地。

　　道路盘山，路边的石山和山石间，群众用石头垒出一堵堵挡

吊井坝天坑

土墙，留住巴掌大的石窝洼土，点种上苞谷。春夏之交，新绿在山石间参差；秋收时节，苞谷叶的枯黄夹杂进顽石的千百年包浆。一条石垒小径，三五双肩背篓，透进车窗。

车过新场，石头更密，如琳琅满目的超市商品一般。这里曾经走出过武昌起义十里铺战斗的指挥官，为掩护战友孤身冲向敌阵的烈士，事迹镌刻在武汉首义公园辛亥革命纪念堂的李儒清。或许，正是从小与石头为伴，磨出他大山的性格，石头一样的坚毅。

车窗外，连绵峰丛对着连绵峰丛，峰丛间的洼地间铺石道路向前延伸，上山小道就像枝干分岔，连接着半山村寨，甚至是独户院落。石头间的屋面青瓦，不禁让人感叹山上人家是否用上了电，用上自来水了吗？

　　铺石古道的山洼，连接着天坑。公路左侧，一壁白岩直插脚下。停车观景，桶壁一般的岩壁围出直径百余米的天坑，坑底的参天大树冠顶只及半壁，枝尖在脚下轻晃，护佑着坑内生灵。

　　小小的白岩壁天坑，就如婴孩一般，过了拇指峰，在"全国四好农村路"边的吊井坝观景台一字排开。这里，公路悬挂在连绵峰丛的半山腰，边坎下的吊井坝，是直径超过 500 米的壮观天坑。独特的天坑地形，曾经是"中国天眼"选址时最有力的竞争地，与中国天眼所在地贵州省黔南州平塘县大窝凼"PK"到最后，终因距离乡镇较近，无线电信号影响略大而遗憾让位。

　　吊井坝是必须要停车的，站上观景台，脚下天坑的负向地形落差百米，磅礴气势一览无余。天坑中竟还散布村村寨寨，火柴

兴义至泥凼路途中的山巅营盘

盒般的房顶，被树枝掩映。村寨被坑中的小山包分隔，连接村寨的道路就环绕着小山包，蛛网般分割了田畴，观景台随风摆动的绿枝间，一洼桃源胜境。

天坑里的道路，伸进坑壁，在观景台对面的山石间盘旋，绕过锥峰边线，前路目不能及。断绝般的道路，让人对山的那一边充满幻想，是否有岩隙间采药的白须老人？是否有憧憬山外世界的布依姑娘？

游客如果是早晨前往，如果群山新雨，就能看到峰头、峰尖的团雾，一团团，一朵朵，孙悟空的筋斗云一样，又像是巨大的棉花糖。团雾就悬停在脚下，仿佛被天坑中小孤峰的峰巅树枝牵着，轻轻摆晃，久久不去。

打卡拍照时，一群山间喜鹊飞来，喜啼声声，游客已经打开了大山的门。

何家大院

吊井坝不远就是曾角逐"中国天眼"落户地的泥凼镇，国家3A级旅游景区。景区里最著名的景点是何家大院，分为街上和风波湾两部分。

街上故居是"中华民国"时期国民政府军政部长、行政院长何应钦的出生地。由于这里是云贵高原向广西桂北丘陵过渡的斜坡地带，自然山势坡度较大，何家大院南部修建了高达7米的挡土墙形成平台，最初于1874年修建了面阔三间的一层瓦房，后来随着何应钦官职的擢升，整体抬高过两次，当地群众都说这是"芝麻开花节节高"的意思，还增建了东西两侧厢房。从何家大院放眼四望，北部是岩石裸露，悬崖绝壁高耸入云的龙荫大山，南部地势陡降、土峰连绵，同形地势被乡人称为"五马归槽"，置身于此，让人生出"一览众山小"的豪情。大院背后有一口水井，由于何应钦当年代表国民政府接过日本帝国投降书，乡民把这口井称为受降井，把井里的水称为寿祥水。

风坡湾大院是何应钦二哥何应禄于民国年间修建，整个大院位于一座独立的喀斯特孤峰顶部，北侧背靠龙荫大山，乡民称其风水为回龙转向，北侧同样是一览众山小的气势，泥凼小石林就展布在脚下。

泥凼是兴义南部布依族群众聚居区，作为汉人，当年何氏当家人何春荣为躲避咸丰、同治年间的兵祸，搬迁到了这里。到了其子何明伦时期，经营染布、榨桐油等生意，由于童叟无欺甚至甘于吃点小亏，取得了当地布依族群众和后期搬来的各族群众的信任。由于生意上大多与当地布依人打交道，自何明伦以下，其几个儿子都学会了布依话，与当地布依群众融洽相处。

何家大院保存了大量雕刻精美的石构件，集中表现在石柱础和石凳上。其中街上故居正房大门外的一对石门墩，一边雕刻图案为"牧春"，一边为"迎福"，均是镂空雕刻，精美异常。泥凼群众介绍，当年，打造这对门墩的石匠师傅，每天打凿下来的碎屑是一丁点都不会扔的，因为石雕太过精细，每天打凿不了多少，他的工钱就是打下碎屑同等重量的银子。

除了石雕，何家大院还保留下大量精美的何家原有家具、用

泥凼镇街上大院

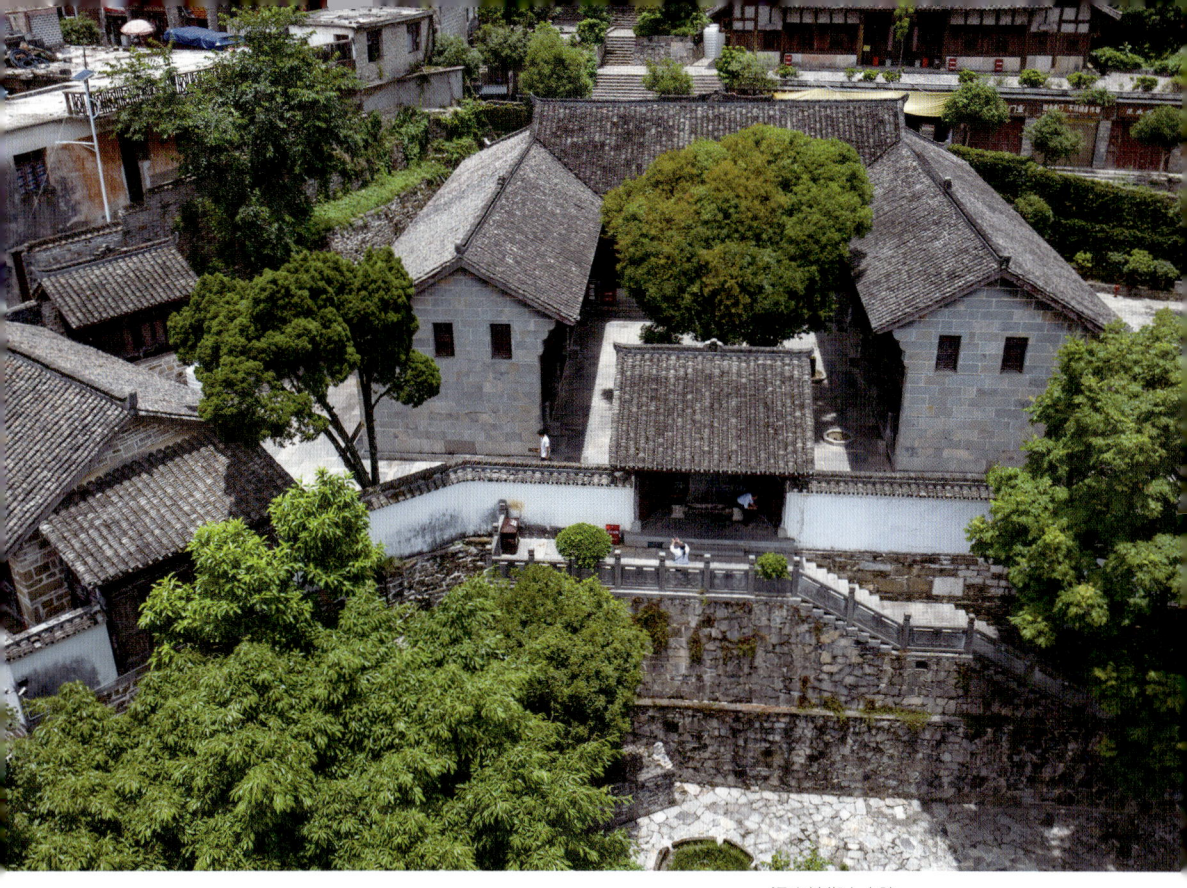

风波湾大院山门

具，有镏金象腿神龛、镏金双凤朝阳床、象腿组合圆桌（两个半圆）、何氏女儿出嫁马鞍、何明伦二人夺、团练扛枪牵马雕板等，其中由贵州省文化和旅游厅组织专家鉴定的珍贵文物近二十件。这些物品，大多为2004年对省级文物保护单位泥凼何家大院进行文物修缮时，泥凼周边群众积极送到大院的何家原有物品。

何家大院正对面，是盘山街道的一段。沿街开了数家旅游餐馆，有当地炒菜，也有泥凼特色清炖老鹅，泥凼镇街上也能够找到住宿宾馆。而当地特产薄皮核桃、板栗、青山绿水小叶苦丁茶、布依土法红糖等，是游客的最爱。

除了何家大院，泥凼镇风景区还有民国风格一条街、应钦小学等景点。游览完泥凼镇景区，驱车向西，大约6千米，就到了泥凼石林。

泥凼石林

以泥凼镇盘山街道为界，自然地貌南北迥异，北侧是入云峭壁，南侧俯瞰群峰涌动，南盘江直线相距10余千米，自西向东在丘峰间穿越。群峰间，或在峰坡，或在谷底，成片石柱、石峰傲然挺立，形成了国家3A级旅游景区、省级风景名胜区——泥凼石林。

传说中，云南路南石林的阿诗玛遥望着200千米外的泥凼石林，因为她的阿黑哥在这里。石林的形成比传说更古老。两亿多年前，岩石形成，后期造山运动中形成了地质断层，断层交错的泥凼镇陇嘎、白马地一带，就形成了面积达 5 平方千米，地形高差 200 米的亿年石头城。

　　石头城的城门，由两根嶙峋石柱相夹，挤出一条入城通道。由于石林生长于坡度约 45 度的喀斯特坡峰上，因此许多石峰及石柱在坡下一侧较低，坡上一侧较高，出土高度存在差异。站在坡上向下俯瞰，峰、柱拔地而起，生根于脚下土地之中；从坡下抬头仰望，峰、柱的基座显露在一层层台地上，从数米到十余米，层层叠叠，蔚为壮观。陇嘎石林中，有一段石峰石柱呈一字排列，石头出露基座一侧低于另一侧六七米，看上去就像坚固的城墙。城墙内的泥土虽然高过城墙外的泥土，但因有石城墙的挡护，因此并未像城墙外的泥土一样随雨水流失。

亿年石头城门

■ 带一本书去黔西南

踏上城门石柱间的石阶通道,就进入了石头城。小道总体为上升趋势,在石柱间蜿蜒升降,一些岔道延伸至石林之中,连接着无数别样的景致。石道蜿蜒于石峰石柱间,一些还从石柱的孔隙里穿过,每一步都有不一样的景观。游人穿行其中,仿佛置身景象万千的迷宫。

石林中万峰挺拔,连同基座,高者达二三十米,低者也有数米。由于侵蚀作用强烈,多呈刀剑一般的薄刃状,屹立在喀斯特

石林深处的何家大院

峰坡之上，直指苍天。石林中的石峰石柱姿态万千，随着观看角度的转换，同一根石柱可幻化出不同的景象。"醉翁夜归""金鹏展翅""村叟采药""虎犊相戏""将军出征""金猴望月"等，变幻莫测，层出不穷。

陇嘎石林东侧，有一座被当地人称为"老鹰嘴"的锥峰。老鹰嘴北侧，一座石峰高高耸立，正面看去，俨然一位一手竖于胸前，一手捧奉玉净瓶，正在讲经布道的观音大士。这座石峰高大

泥凼石林局部

挺拔，位于山坡最高处，它对面的石峰石柱沿峰坡逐层下降，仿佛一群正在学法听经的虔诚信徒。

在陇嘎石林游览，可以穿行林中亲身感受，也可以在老鹰嘴对面的喀斯特峰坡上眺望，远近相宜，感受各异。透过石林中的林间缝隙向东眺望，龙荫大山险峻挺拔，直插云天；山腰的泥凼镇，房舍静卧，犹如沉睡的婴儿。眼前，石柱石峰密集，高低无序，参差不齐；老鹰嘴下，喀斯特坝地中，十数座低矮的锥峰错落有致。

石林中，芭蕉林、竹林、杂木林在稀薄的泥土里顽强生长，蕉叶迎风摇动，竹枝婆娑轻吟。

三两栋农舍掩映在竹林中，缕缕炊烟轻拂片片青瓦，石头林立间竟然也不乏田园小景。这些居民在房前屋后种了些桃树梨树，每年春至，粉红的桃花、洁白的梨花满枝头，点缀出石林深处的浓浓春意。清静的石山深处，就有了狗吠鸡鸣。千姿百态的石头，竹林掩映的房舍，随风轻动的蕉叶，岔口相连的石道，分割小块的田畴，一种别样的田园风光在大山深处若隐若现。

南龙古寨

游览了泥凼，游客不必原路返回兴义城区。出泥凼镇东，沿泥（凼）巴（结）公路驾车 20 余千米，可达南盘江镇所在的万峰湖景区。途中，还有一处国家 3A 级旅游景区——南龙古寨。走进去，内心就升腾出诗一样的画境。

石林深处的何家大院

林涛依旧,古道幽远,山径蜿蜒。

路面卵石夹杂些擦痕,聆听驮马偶尔的蹄音。追逐林间轻荡的马尾,擦过那眼古树包着的老井,上百棵古榕散布开来,遒劲枝干茂密枝叶间,小青瓦时隐时现,古老村落南龙寨就在"山间铃响马帮来"之中荡开。

榕枝遮天蔽日,村落透着宁静。古道在这里分岔,蛛网般渗入寨中,触角所及,不漏过每一幢吊脚木楼。古寨木楼依山就势,散布在蛛网经纬间,刻意透露出村落的八卦格局。

吊脚楼的生命在这里延续了千百年。当远古的人们从洞穴走

古榕边的吊脚楼

▌带一本书去黔西南

石林深处的何家大院

南龙古寨俯瞰

进树上的屋，就注定了它的诞生。之后的时空，它的周边走着牛马，屋面撩着炊烟，鸡鸣和着狗吠，伴随着一代代人的老去，目睹着一代代人的新生，而它自己，总在时间的刻痕里，多少带了些倦意。

记忆里，想要讨个媳妇，总要标榜"家有三间大瓦房"。乡间的吊脚楼可以带有偏厦，屋不止三间，娃可养几个。而如今，兴起了城市丛林，只有这里，还记得吊脚楼下圈了几头牛几匹马，吊脚楼边种了几垄葱蒜，几蓬砂仁。

吊脚楼是能够挤进眼帘勾出惊喜的木屋，这种干栏式建筑如果数量多了，成村成寨，就成了风景，让人沉醉。

伴随着吊脚楼的，多是那寨落里的古榕，和那透过榕枝挤下来的几线阳光，把历史录述得昏黄。若是暮霭把寨落笼罩，栋栋吊脚楼的青瓦屋面缭出炊烟，而吊脚楼下老黄牛望月的眼底，那份乡愁，浸进骨头。

吊脚楼坏了就修、破了就补的杉木外壁，吊挂着一根根长竹，长竹之上，长条土布绕晾着随风轻扬，浓浓的布依风韵。

这自然是一处桃源之地了，让人忍不住随意推开一扇老旧的木门。迎面而来的，是主人的古道热肠，当老太太写满故事的脸露出欢颜时，男人已阻住了狗吠，让它摇起了尾；女人走下织布机，当然是为来客斟上一碗新酿的农家米酒。

热气腾腾的火塘边，游客们感受着布依族待客的真诚。这时，南龙的传说，在布依老人手里的竹制水烟筒里翻腾，与缭绕的青烟一同隐隐浮现。

老人们脸上愁苦的皱纹，记录着嘉庆年间的刀光，咸同时候的剑影，记录着民国数十年的动荡。直至聊起如今，及胸白须上的嘴角才露出笑意。

伴随着古老传说的农家米酒清冽醇香，再不胜酒力，也无法拒绝这滚烫的热情；醺醺然的感觉中，杂念被统统抛开，升腾起了快意。

客人到来，打破了古寨的宁静。于热情、淳朴的布依人而言，一户之客，就是全寨之客。

阳光从历史的天空穿越而来，既古老又年轻。一棵棵榕树俨然是历史中不曾离去的老人，全方位呵护着这个同样古老、同样充满活力的民族，其民族的性格如同大榕树一样顽强。这勃勃的生机，就体现在待客的热情。

这份热情，源于民族团结共同发展的方向，源于热爱家乡、建设家乡的激情，源于拥有收获未来的心。

榕树的光影下，客人到来引起的喧嚣，正是布依人特有的"八音坐唱"，传唱盘江的天籁之音。

喝着农家醇香的美酒，听着悠扬的八音坐唱，你是不舍离去的，因为，在牧牛归家的斜阳中，你已不知不觉陶醉在别样的风情里……

夜色中的古寨，古朴流畅的旋律依然在古榕树间萦绕，在吊脚楼间流淌，唤醒鸟儿的鸣唱，拉开新的一天的序幕。

古寨归于宁静，生活在周而复始中欢笑着延续。

党建引领 乡村振兴

打柴山进寨公路

CHAPTER 08
州府城内外的老寨

这些村寨，就在兴义城内城外，用自己特有的魅力，吸引着八方游客。

花开四季打柴山

明崇祯十一年（1638）农历八月二十六日，徐霞客在日记里写道："路随涧东而南，二里出峡，有巨石峰突立东南，水从坞（注：坞，地势四周高而中间凹的地方。）中直南去。坞中田塍鳞次，黄云被陇，西瞰步雄，止隔一岭。路从坞东上岭，转突峰之南，一里，有数家倚北冈上，是曰沙涧村，始知前所出坞为沙涧也。"

徐霞客记载的"沙涧"，就是现在的兴义市洒金街道。这里是黔西南州易地扶贫搬迁的主要承接地，迎接了 3.3 万多名"一方水土养不富一方人"的汉、布依、彝、苗等民族同胞，创造了搬出大山的世间奇迹。为了搬迁群众能够增收致富，洒金村大力推动林下菌药产业，解决数以千计搬迁群众的就业问题。洒金边上的打柴山寨落，就是徐霞客进入沙涧之前经过的地方，如今发展成为林下菌药产业的基地，乡村振兴的示范寨落。

打柴山有村民 49 户近 300 人，贫困率曾经高达 12.28%。如今，经过脱贫攻坚、乡村振兴的努力，已经发展成为兴义市的特色田园乡村·乡村振兴集成示范试点，建成林下菌药项目 2830 亩，建成农耕体验园、石斛林景观、古法榨油坊、古法酿酒厂、生态蔬菜采摘园、花海游乐园、森林康养步道、天空之镜观景台、玻璃栈道等景点。

筋竹篱笆，围护着花的海洋。曾经的老寨，焕发出勃勃生机。走进距洒金街道办事处仅 4 千米的打柴山，传统民居原有村寨肌理依然，村落却被四季繁花包围，游客在花海里穿梭，情侣在观景台、花海风车房边不住拍照留念，孩童追着蝶儿还有花海里的卡通昆虫欢笑。

打柴山旅游车道修到了山顶，山顶观景台可以俯瞰兴义城。由于距城区实在太近，民宿行业发展困难。但是没有关系，这里有各种各样的食用菌，特色餐饮美食名扬兴义。于是，修整一新的木柱青瓦下，环境优美的农家小院中，花海里游玩后休息的客人轻荡秋千，等待美食的全家其乐融融。

林下菌药基地不仅仅出产蘑菇，树林之中，树上还种植铁皮

农耕记忆　　　　　　　　农特产品

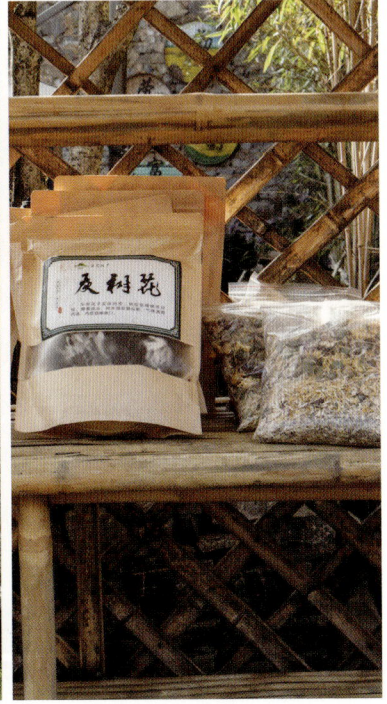

石斛。俗称黄草的铁皮石斛是兰科植物，在穿透树枝树叶的缕缕阳光间娇艳欲滴，溢透着浸心的芳香。

打柴山林下菌药基地培植成功了俗称"舞菇"的菌中极品——灰树花，外观婀娜多姿、层叠似菊；气味清香四溢，沁人心脾；肉质脆嫩爽口，让人百吃不厌。高级的保健食品风行日本、新加坡等海外市场。

打柴山的灰树花品质一流，生产地的产品物美价廉。每当听到灰树花上市的消息，兴义人就邀约亲朋好友前往打柴山，就地品尝美食后，去林下菌药基地的游道上逛一逛，呼吸最清新的空气，欣赏一坡又一坡的蘑菇，闻闻树枝上绽放的黄草花香。然后，盘算好要送给哪些亲友，购买几包新鲜无比的灰树花，踏上归途。

城市花园景家屯

1916 年 3 月底，袁世凯被迫宣布撤销帝制；6 月 6 日，袁世凯忧愤而死，新任大总统黎元洪宣布恢复《临时约法》和国会，轰轰烈烈的护国运动胜利。护国战争最激烈之时，名将蔡锷曾说："黔军此次分出川、湘，苦战辛劳，每能出奇制胜，以少胜多，略地千里，迭复名城，致令强虏胆丧，逆贼心摧，功在国家，名垂不朽。"评语里的主角，是后来被孙中山誉为"西南后起之秀"的黔军总司令王文华。

1924 年，厦门大学爆发学潮，300 余名师生远赴上海，其中的兴义籍学生找到孙中山的南北议和代表王伯群。王伯群当即

州府城内外的老寨

出资出力，创建大厦大学。如今的上海华东师范大学里，有一座抗日战争胜利后建设的礼堂——思群堂，就是纪念王伯群的历史建筑。

王伯群名文选，字伯群，以字行，正是王文华胞兄。兴义下五屯街道景家屯，城市中的寨落，是这一双风云弟兄的故里。明洪武年间，朱元璋发动调北征南战事，驻扎南盘江南岸广西泗城州的都督同知景双鼎挥军渡江，成为进入兴义最早的明军将领。景双鼎年老解甲，封授定南侯，选中黄草坝边上这一片安逸之地定居，因而得名景家屯。而王氏兄弟的先祖，正是景双鼎爱将王玺。时光的更迭里，景家屯的景氏一族，在景双鼎老去后，搬迁

"王电轮将军故里"摩崖

王家大院与营盘山

至如今安龙县的景家冲,普安青山坝的雪浦乡。而王氏一族,则固守着老将军的侯爷墓,把故事在景家屯的风中延续。

　　景家屯王家大院是贵州省级文物保护单位,始建于清光绪年间,依靠在明代营盘山下。大院走出的王伯群是孙中山广州大汉军政府的交通部长,也是国民政府首任交通部长。袁世凯曾经准备称帝,王伯群远赴天津,参加了梁启超、蔡锷组织召开的"反袁称帝七君子会议",成为护国运动举旗的贵州四君子之一。大院陈列馆里,孙中山笔书一联"让人非我弱,得志莫离群"。

　　王伯群胞弟王文华,梁启超赞其"堪继松坡(蔡锷)负西南方面之责",护法运动中被称为唯一真诚追随孙中山的地方势力人物。1921年,王文华受孙中山所托,在上海游说浙江督军卢永祥支持革命，不幸在一品香饭店外遇刺身亡。孙中山发出"将星陨落，我失臂膀"的感叹。大院陈列馆里，曾经的故事历历在目。

景家屯后山，是兴义城森林密集的地方，景家屯因此被称为兴义的城市后花园。走进景家屯王家大院之后郁郁葱葱的森林，明代营盘、水井沿途展布。这些珍贵遗存，连接着总长18千米的梁子上森林氧吧健身步道。步道隐约在林间，走进去，鸟儿在鸣唱，叶儿在摇响，周身畅爽。

每天早上，总有健身游人沿着健身步道的岔路走进景家屯，在王家大院陈列馆看一看民国风云，在"王电轮将军故里"的石壁摩崖前遥想护国护法的铁马金戈。或者，登上王家大院背后的喀斯特石峰顶，追逐明初的石营墙，感怀时光的沧桑。

叶动兰香纳录村

窈窕淑女，君子好逑，数千年的中华古风，在《诗经》的韵脚下流淌。何为君子？梅、兰、竹、菊。其中的兰，中国十大名花之一，寓意美好。兰花开得好的地方，就是宜居之地。

兴义原名黄草坝，正是因为其盛产铁皮石斛，俗称黄草。它们不但美丽，而且极具中药价值，被称为"仙草"。除了黄草，兴义还盛产兰科中的"神草"金线莲，以及名贵中药天麻、白芨等兰科植物。

距今9千万至6千万年前，地球上出现了兰，衍化发展到今天的800多属，2.5万至3万个种，达到世界高等植物的10%左右。

陶景三花种植基地内的生态展示区

兰是植物界生物进化的典型代表，众多的植物学家情有独钟，终生追寻着它们的足迹。

兴义四季如春的环境里，珍稀植物有兜兰、银杏、桫椤等300多种。其中，兰花上百种。兴义是全国最适宜兰科植物生长的天堂，有文山兜兰、同色兜兰、长瓣兜兰、巨瓣兜兰、麻栗坡兜兰等国家一级保护植物，列入《野生动植物濒危物种国际贸易公约》附录Ⅰ中，被誉为植物界的"大熊猫"。

万峰林街道的纳录村，出城区仅5分钟的车程，城市公交来来去去。这里兰叶如波，馨香阵阵。经过20余年持续努力，建成了兜兰产业博览园、国家兜兰资源库和种植基地、贵州省兰科植物工程技术研究中心，成为国内珍稀濒危兰科植物独具特色的迁地保护和可持续利用产业化创新基地。

天地之灵，风拂香散，花开美丽。在开花植物中，兰花是佼佼者。而兜兰，又被称为兰花中的极品，植物界的翘楚。目前，纳录村内的兜兰产业博览园里汇集了世界上三分之二的兜兰品种，并且采用人工杂交育种和无菌播种的科学繁殖手段，不断培育出新品种，成为世界上兰科植物培育创新能力最强的生产和保护基地之一。

跟着纳灰河走进纳录村，寻着馨香走进兰花世界，满眼碧绿的枝叶间，一朵朵怒放的姣颜，不经意就凝固了时间。

在长瓣兜兰边驻足，欣赏梦香文心兰花开点点；在满厅枝叶间，找到白旗兜兰的素雅，红旗兜兰的热烈，鹤舞兜兰静静地灵动。走过廊道，听一听金钗石斛的细语，坐进生态展示区，品一杯茶，看花和叶对话。

■ 带一本书去黔西南

　　兜兰博览园里，还有别样的风景。白发苍苍的老爷爷陪着老奶奶，把爱情镌刻进阳光；活蹦乱跳的小朋友，幼稚的笑脸映衬着花瓣，溢透出希望；年轻的姑娘，凝视着兜兰，发丝随风，思绪飘荡。

　　游客在这里流连，听风，看花，把奔忙里的疲惫卸下。走过蓝天白云下的树影，感受鸟鸣带来的宁静；走进育种的大棚，满眼春天的绿涌；一丛花儿浸馨香，轻轻脚步，悠悠时光；兜兰静静开放，蝶儿展翅应和，凝固了眼波。

植物研学基地

城边古堡营上寨

马岭营上有着兴义市城区北略偏东的古寨，山脚的大道，距市区仅 5 千米。

从历史的时空中走来，营上的榕枝、残墙述说着历史的风霜，布依人家的过往。营上的风中，矗立着久远的石砌碉楼，仿佛在回忆大明洪武年间"调北征南"的军旗猎猎，清咸同之际激烈战阵的号角余音。日出东方，曾经的愁苦一去不复返，回望营上寨

寨边碉楼

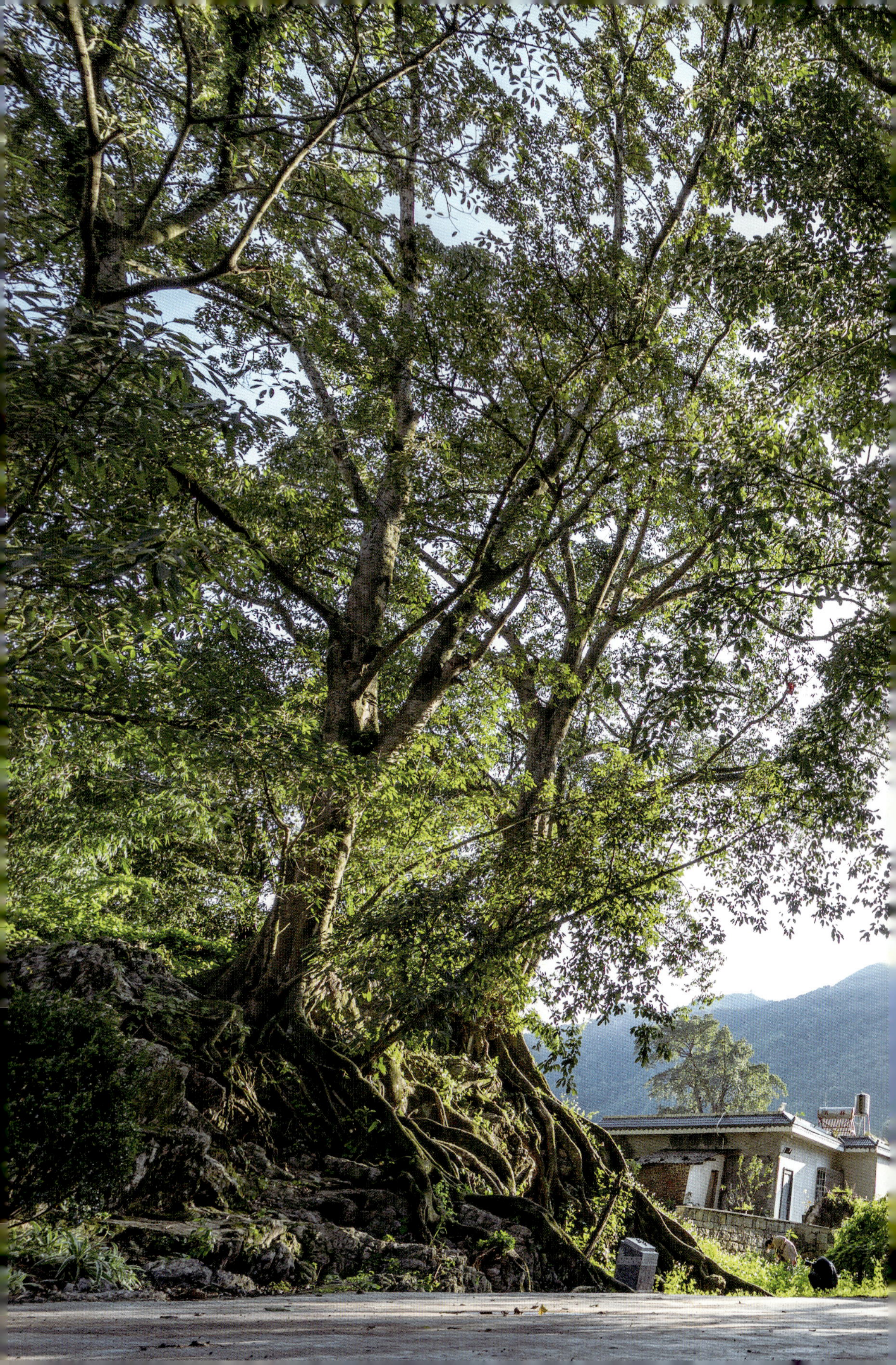

"三月三"祭祀场

落，布依人家与各兄弟民族团结和谐、共建家园，共赴中华民族的美好明天。

营上布依人，固守着族群记忆，山地民族的根与魂。每年农历三月间的第一个虎场日是农耕繁忙后的闲时，祭山的日子。古老的榕叶下，乡人注目着摩公，摩公焚香燃纸，用古老的经文诠释着敬畏大自然的虔诚。

三月三，六月六，是布依人家的盛典节庆。营上古寨不一样，农历六月二十四，与三月三一样，全寨不能动土，祭祀的节日，家家户户的花糯米饭端出蒸笼，升腾的热气，寓示着火红的生活，又一年的丰收期盼。

故事得从从前说起，一支英勇善战的军队被朝廷派往如今的云贵地区作战。由于战场太远，朝中又有奸臣作梗，后援物资供应不上，军队被困山中。但这支军队军纪严明，不准骚扰百姓。几万人的军队缺乏粮食，将士们只好到山上采摘红马刺、绿豆紫、冷饭团、羊屎条等五颜六色的野果充饥。野果毕竟不是粮食，使得部队折损过半，几乎丧失战斗力。后来，朝廷派员来查，从死去将士肚中剖出的全是五颜六色的野果，真相大白后，朝廷严惩奸臣，表彰这支部队"冻死不拆屋，饿死不掳掠"的爱民精神。圣旨传来，正是农历六月二十四。之后，当地布依族先民为纪念这支军队，到了日期，各家各户都用植物的汁水将糯米染成五色饭，并在门外用农忙竹搭成灵棚，表示兵不进民房。乡民们放上酒肉、五色饭等供奉将士英灵的传统，一直沿传到今天。六月六祭祀，传达了感恩之心，也传达出布依群众对中华民族共同体的深深认同之情。

在营上，落款清同治年间的"祥凝紫气"石匾额，镌刻着当年兴义知府孙清彦、兴义知县陈聘儒、营上团练团首查宝山的名字，见证了这里的一场真实战事。

咸丰八年（1858）二月，如今的黔西南、六盘水市的盘州，爆发以回民为主的白旗起义，很快，兵锋席卷南北盘江流域，无数身处底层的汉、布依、苗、彝族群众也加入到反抗官府、地主、恶霸的洪流之中，兴义府城（今安龙县）被起义军攻占。知府孙清彦只得退到兴义县。营上是兴义的北方门户，孙知府常登高望远，极目众山。遥想当年，身为署知府却不能够踏进府城半步的孙清彦，眺望马岭河东岸府城安龙方向的涌动峰头，沉吟着何时能够收复府城！

如今，营上的碉楼依然矗立在峰巅，古老的营墙残垣相连，村寨肌理依旧，兴义市的马岭营上古寨乡村示范点的盘山公路上车来车往，游客吃农家饭，采摘新鲜柑橘。有的游客还会住上一晚，登上观景台，欣赏兴义城的夜景，等待翌日的日出东方，观朝阳下的涌动群山。

新时代，黔西南州提出了"康养胜地，人文兴义"的城市定位，兴义城边的马岭营上正在努力实施乡村振兴战略。曾经的故事依然在风景如画的营上流传，布依人家的八音坐唱无比祥和悠扬，并且时时走出山乡，与各民族兄弟一起庆幸紫气祥凝，歌唱康乐盛世。

CHAPTER 09

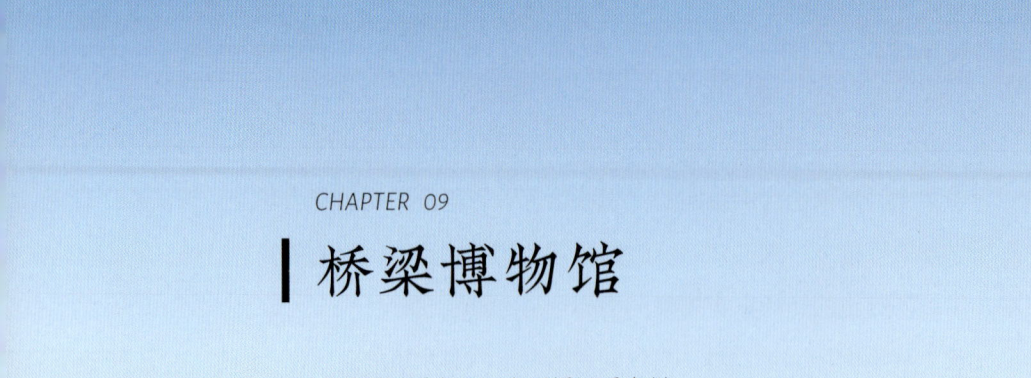

桥梁博物馆

世界桥梁看中国，中国桥梁看贵州。

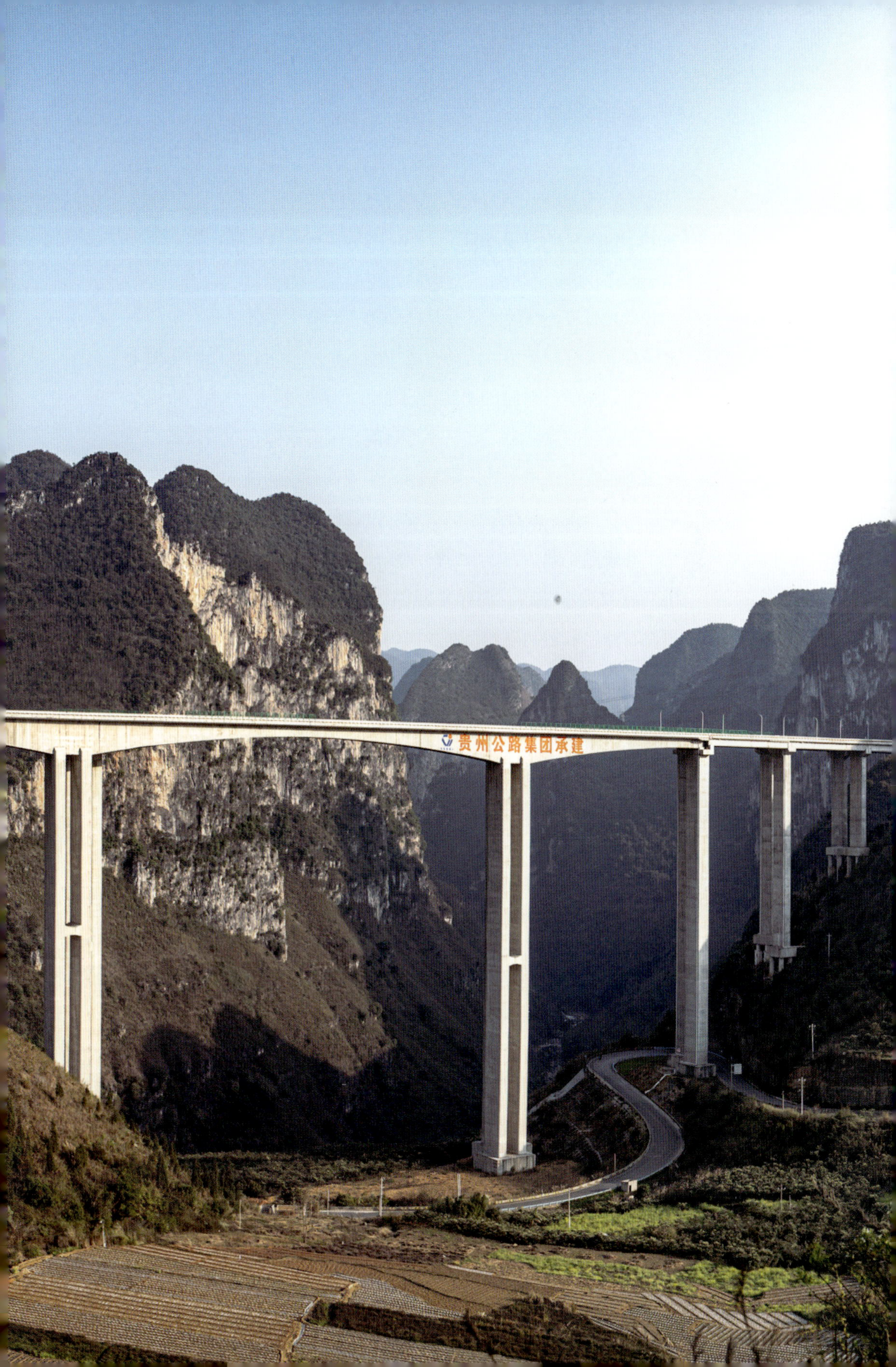
贵州公路集团承建

■ 带一本书去黔西南

茶马古道上的"木桥"

兴义城边,马岭河峡谷景区上游大约 2 千米处,有一条列入全国重点文物保护单位茶马古道中的木桥段古道,从马岭街道下那白寨到马岭河对岸的团结村三棵树,全长 1700 余米。古道在马岭河两岸的岸坡上"之"字形蜿蜒,铺石古旧,险要处的拦马石面满是岁月浸透出的风霜刻痕,岸坡的石砌碉楼依然矗立在风中。一步一景,是徒步者的最爱。沿途最好的景致,在木桥。

清康熙年间,为了便于两岸过往,乡人在此处修建了一座石桥,后被洪水冲毁。道光年间改建为木桥。咸丰三年(1853)再建石桥,取名纳福桥,而乡民仍习惯沿用木桥之名。

木桥与茶马古道

横跨马岭河峡谷的木桥，建筑形制为中国古代桥梁中经典的单孔敞肩石拱桥，除了中部20余米的漂亮孔跨，南、北桥肩还建有圆形泄洪孔洞。桥面青石板铺墁，两侧安放拦马石作为护栏。桥两端拦马石处均留有排水孔，以减轻桥面积水对桥体的破坏。

除了本体建造的科学性外，木桥两岸的排水设施更体现了古代人的聪明才智。由于木桥选址于峡谷近底部易于建桥的基岩地段，桥两端及连接的驿道都位于因山水形成的冲沟部位，丰水季节，山水甚至是山洪会对两岸桥基造成巨大破坏。为了解决这一问题，在"之"字形爬升的西南岸驿道旁侧，人们在驿道和山体间开挖排水沟渠，山水顺着驿道边流入峡谷。桥的东北端排水更科学。由于冲沟较大且直抵桥岸端，为了排水，在桥端与山体结合部位，修建了与冲沟相连的排水涵洞，高1米余、宽近1米，过水能力极强。山水经过水涵洞穿过桥身流入峡谷。东北端自然冲沟还阻断了驿道，人们便在冲沟上又修建了一座小的券拱石桥，解决了通行问题。

木桥本体、过水涵洞、东北端过水石桥、西南端驿道排水沟渠共同形成木桥的科学建造体系。在古代，修建这样一座石拱桥殊为不易。

过去，没有马岭河峡谷风景区。木桥建成，就成为文人墨客、城乡居民欣赏马岭河峡谷绝美风景的去处。道光时期的知县蒯关保与同乡名士朱逢甲和吟出诗句"云奇石更奇，奇绝画难比"的地方，就在此处。

马岭河峡谷中漂流的皮筏，经过木桥时，游客抬头仰望峡谷顶端，只见木桥横在一线天之上，好似彩虹罩顶，景象蔚为壮观。

如今，木桥下游数十米处，修建了一座巨大的公路桥梁——红星大桥，从历史中走来的木桥就显得格外娇小。然而，听闻红星大桥下有一座古桥的人，总会在桥头停停车，走上公路桥的人行道，欣赏一番嵌在风景里的木桥。

许多人就因为这一停，被木桥的精致、茶马古道的久远所吸引，于是寻路，从新桥走向老桥，把自己也融进风景里去。游客走向桥头石碑，不由细细品读："……斯桥之成也，与天地相终始，与天地共流峙！"

兴义茶马古道黄泥河上的永康桥

进入兴义城的桥梁

要进入兴义城,得跨过马岭河峡谷。以前,受限于建桥科技水平,公路都是盘山而建。从省城贵阳驾车前来,进入兴义城得从马别桥绕道 10 余千米。而马别桥,则是由清道光二十六年(1846)修建的 3 孔石拱桥改建而成的公路桥梁,桥面狭窄、承重较小。

1994 年 8 月 1 日,一座崭新的峡谷大桥建成于马岭河峡谷

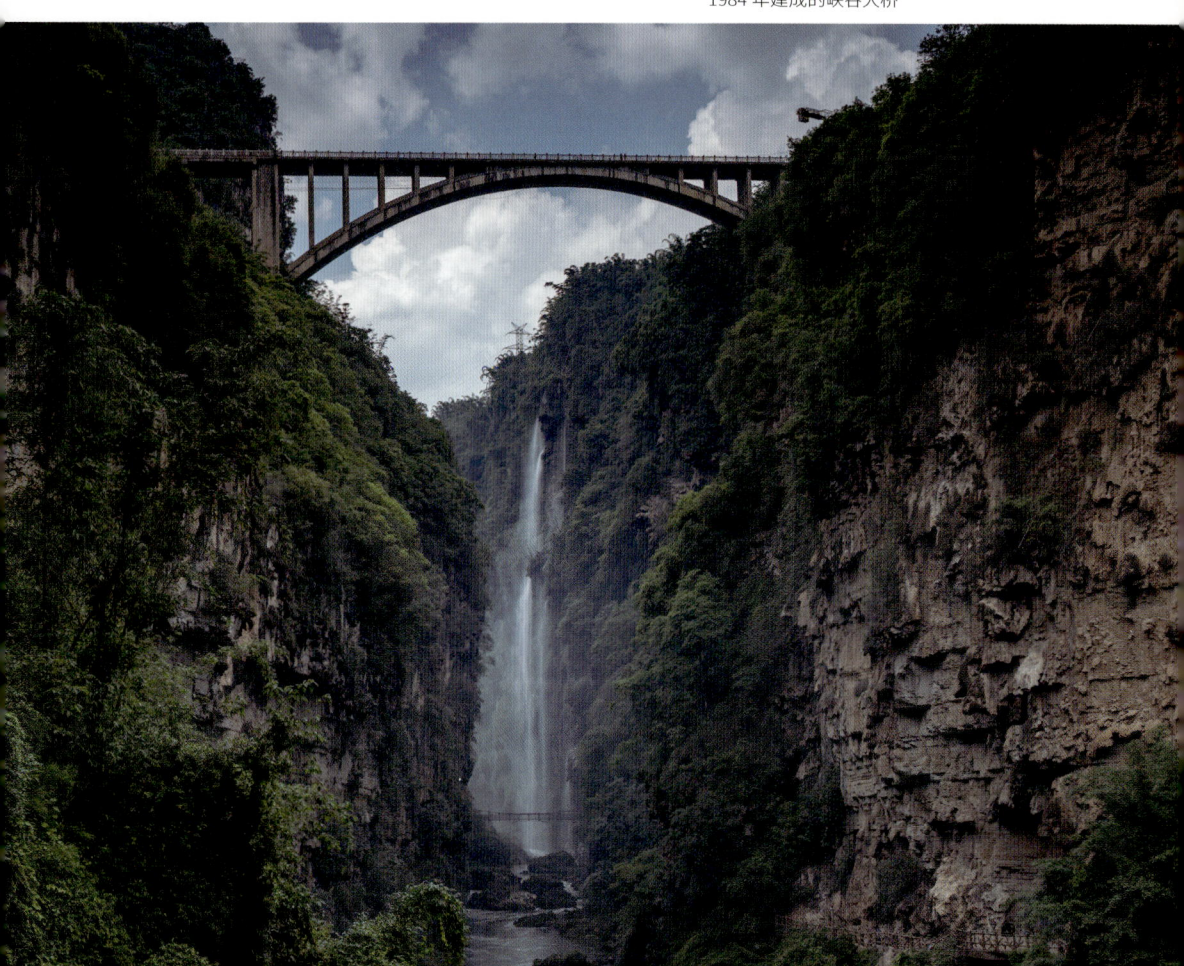

1984 年建成的峡谷大桥

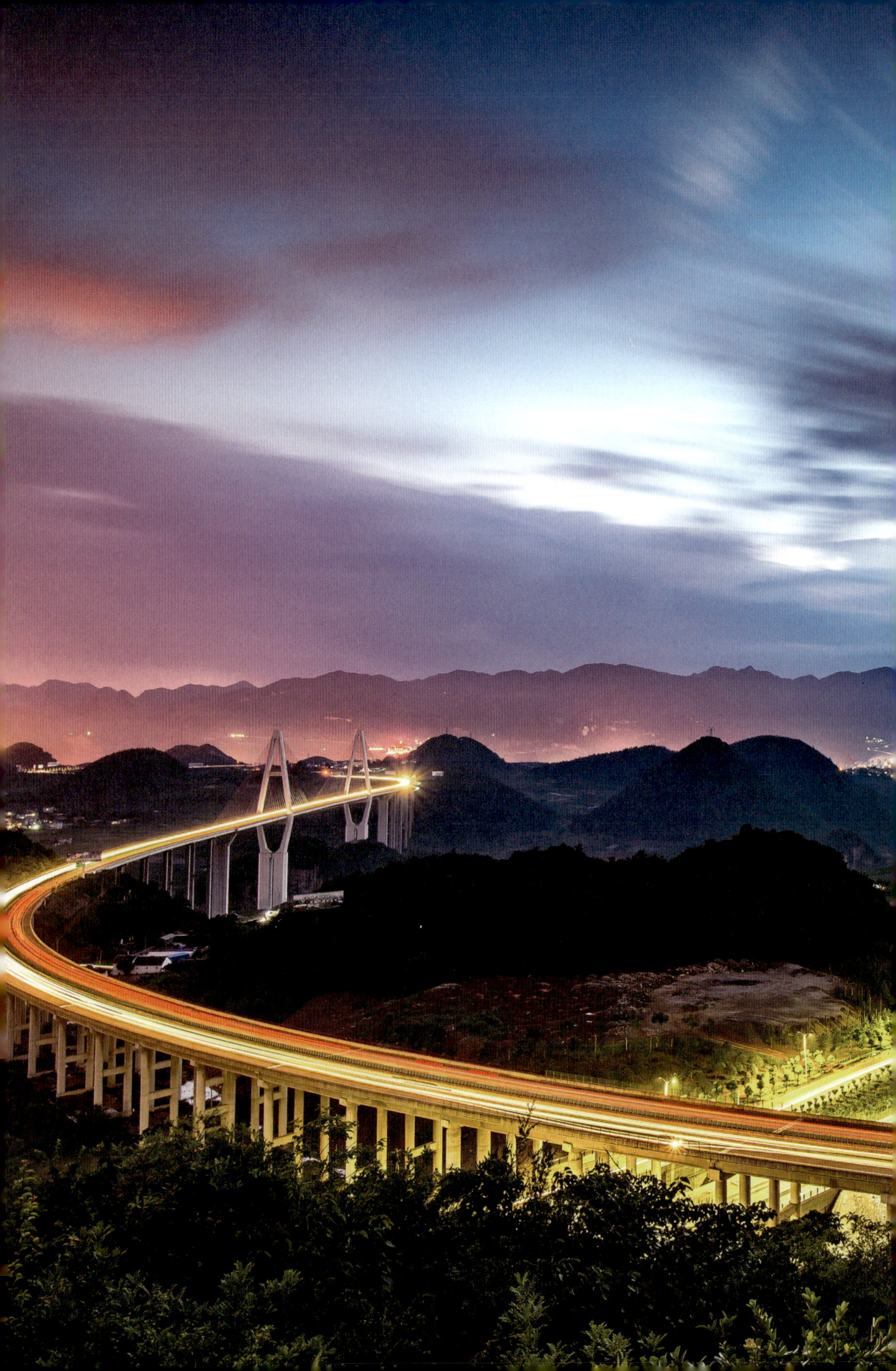

汕昆高速马岭河大桥

景区上空，让兴义城区与马岭河东岸的顶效镇通行距离缩短 20 余千米。兴义城至贵阳、安龙等地，车程缩短 1 小时左右。重要的是，桥梁承载力大大提升，为地方经济发展提供坚实保障。这座桥梁是钢筋混凝土箱形拱桥，桥梁主跨达 110 米，交通运输部门工程师感慨，之前是不敢想象的。

不敢想象的还有，2011 年，汕头至昆明高速公路上的马岭河特大桥建成通车，位置就在之前的峡谷大桥上游 2 千米处。特大桥为预应力混凝土双塔双索面斜拉桥，主跨径高达 360 米，荣获贵州省公路科技进步一等奖。汕昆高速公路建成通车，让兴义到省城贵阳车程所需要时间，又缩短 1 小时。

马岭河是深切峡谷，曾经阻隔着两岸群众的交通。清咸丰同治年间，黔西南爆发了农民大起义，守住木桥，就能够与西岸的清军、团练相持半年之久。当年红军长征途经兴义时，走到了木桥东岸，面对西岸布防的滇军刘正富旅一部，只得放弃进入兴义城休整，沿着马岭河东岸北行 10 余千米才找到过河之处。

地形地貌上，贵州是全国唯一没有平原支撑的省份，交通条件曾严重制约地方经济社会发展，影响各兄弟民族生产生活。马岭河峡谷上桥跨百年，桥梁的发展让天堑变通途，让新时代"贵州是平的"成为现实，是中国奋斗、贵州奋斗的真实写照。

新桥建成，老桥并没有失去功能。如今的马别桥依然服务于两岸村寨，是好古之人寻找历史遗迹的去处，也是马岭河峡谷漂流的起点。从这里乘上皮筏，一河之上，木桥、红星大桥、汕昆高速马岭河特大桥、峡谷大桥一一展布，每一座，都横跨在一线天空之上，衬托着峡谷的雄奇，让漂流的游客欢呼。

峡谷大桥，左岸就在马岭河风景区打柴窝入口处附近。大桥有人行道，游客往往停车上桥，打卡群瀑竞秀，欣赏满谷水雾升腾出的云蒸霞蔚，触摸道道彩虹，观看峡谷绝壁悬挂着的风动叶摇。站在桥心远眺，汕昆高速马岭河特大桥的桥塔直插云霄，与斜拉索构成一幅嵌进群山的现代简约画。

峡谷大桥现在还承担着兴义、顶效镇间的交通任务。头顶，即将挤入世界百座高桥的金州大桥正在施工。新桥建成，峡谷大桥就完成了它的交通使命，完全融入马岭河峡谷景区之中，成为真正的观光桥。

金州大桥的建成，将使兴义城北端的木贾街道与马岭河东岸的顶效镇、兴义城东边的马岭街道连成一线，极大缓解城区交通拥堵问题。

桥，让兴义的旅游更加顺畅。

兴义环城高速公路与峰林大桥

2021年3月，兴义环城高速公路建成通车。短短两年后的2023年8月，就被全球道路联合会评选为2023年全球道路成就奖之环境保护类别奖。而全球道路成就奖，被誉为全球道路行业的"诺贝尔奖"。

喜讯传来，兴义各族群众兴高采烈，兴起之人，甚至立即驾车开上高速，欣赏车窗外的大美风景。

兴义环城高速公路起于兴义市万屯磨盘山，与晴隆至兴义市

■ 带一本书去黔西南

高速公路对接，与汕头至昆明高速公路十字交叉，全程62千米，就穿行在东峰林、西峰林里，对沿途各民族村寨的高质量发展起到了极大的推动作用。这条高速公路桥连着桥，特大桥就有6座，大桥47座。行驶在高速公路上，车窗外特大盆景般的美景由远及近，让游客应接不暇。高速公路上虽然不能停车拍照，但极具视觉冲击力的景色，还是成为兴义市民出行刻意选择的道路。一段时间不去了，还会专门驾车去跑一跑。

而观桥之地，首选兴义市城区东部的丰都街道赵家渡。

峰林大桥 张霆/摄

历史上，马岭河峡谷景区下游的赵家渡是兴义城通往府城安龙的重要乡驿渡口，过去的渡船为乡民所置，可容七八人渡河。清嘉庆四年（1799），兴义知府程卓樑组织官员、民众在此处修建万寿桥，历时两年建成。可惜，马岭河峡谷壁陡谷狭，数年之后，一场汹涌山水冲毁桥梁。丰都赵氏，是兴义历史上的著名家族，他们重建渡口，称之为赵家渡。

为保证国家重点工程天生桥水电站建设，1992年建成一座钢筋混凝土桁架式组合拱桥，渡改桥让两岸群众万分欣喜。到了2009年，经专项检测，新桥变成了危桥。又于2013年在危桥边建成全长200米的钢筋混凝土箱型拱桥，至今仍在使用。赵家渡上，形成双桥并列景观。

除了城市干道，沿着被兴义人称为"红马路"的城市自行车专用道，可以骑行至赵家渡。只要天高气爽，马岭河西岸的岸坡顶，游人如织。观景区就在城市干道东南环线东侧，而东南环线西侧，聚集了数十个服务摊棚，形成了旅游服务市场。为了满足广大市民、游客需求，观景区建成了公园式，游道穿插其间，绿油油的草坪上，可以放风筝、观峡谷，还有脚下深谷里的并列双桥。随着兴义环城高速公路的建成通车，又增加了峰林特大桥景观。

峰林特大桥在涌动群峰里穿梭，桥形为主跨550米的钢混叠合梁悬索桥，全长1164米，主塔高160米，桥面至谷底距离364.2米。目前，建成和在建的世界百座高桥中，贵州有46座，峰林特大桥排名第九。一桥飞架东西，在高耸入云的群山背景下，特大桥依然气势巍巍。

峰林特大桥是中国山区第一座钢混叠合梁的桥型，在施工中

■ 带一本书去黔西南

始终以创新为引领，因在马岭河峡谷景区，采用了最小破坏，最大恢复工艺，保证两岸生态。全桥主揽在国内首次采用锌镁铝合金镀层。塔梁施工是世界上首次采用预制提升技术，缩短工期的同时确保施工安全。以峰林特大桥为代表的兴义环城高速公路，全球道路成就奖的获得，实至名归。

亘古的峡谷崖壁，衬托出现代桥梁满满的科技感。站在马岭河边，听风观桥，感受到新时代的中国力量。

兴义环城高速芭蕉塘桥隧

世界第一高桥

提起桥梁，不得不走出府城兴义。曾经，关兴（贵州安顺市关岭县至黔西南州兴仁市）公路上连接黔西南州贞丰县和安顺市关岭县的北盘江大桥夺得世界第一高桥的殊荣。随着时代的发展，这一荣誉让位给其他大桥。时过境迁，再次前往贞丰县的小花江寨，六安（贵州六枝特区至安龙县）高速花江大桥——又一座

■ 带一本书去黔西南

"世界第一高桥"正在紧张有序建设之中。虽然六安高速2025年才能够建成通车，但在这里介绍十分必要，因为花江大桥建成后，将是世界第一高桥。

小花江是一个传统的布依族村寨，入列中国传统村落名录。曾经，这里是兴义府城通往省城贵阳的官马大道，也是茶马古道的一段，先是利用渡口连通两岸古驿道，清光绪二十六年（1900），在安义镇总兵蒋宗汉的主持下，建成一座长71米，宽2.9米的铁索桥。如今铁索桥仍在，只是搬至距原桥约200米处。铁索桥由14根铁链组成，每根铁链262环，拴于两岸人工凿石孔内。上铺木枋为桥面，桥栏亦由22根铁链组成。铁索桥南岸有摩崖、碑记36方。自古，小花江就是黔西南与安顺市交界处的

桥梁博物馆

小花江铁索桥、茶马古道、游船码头

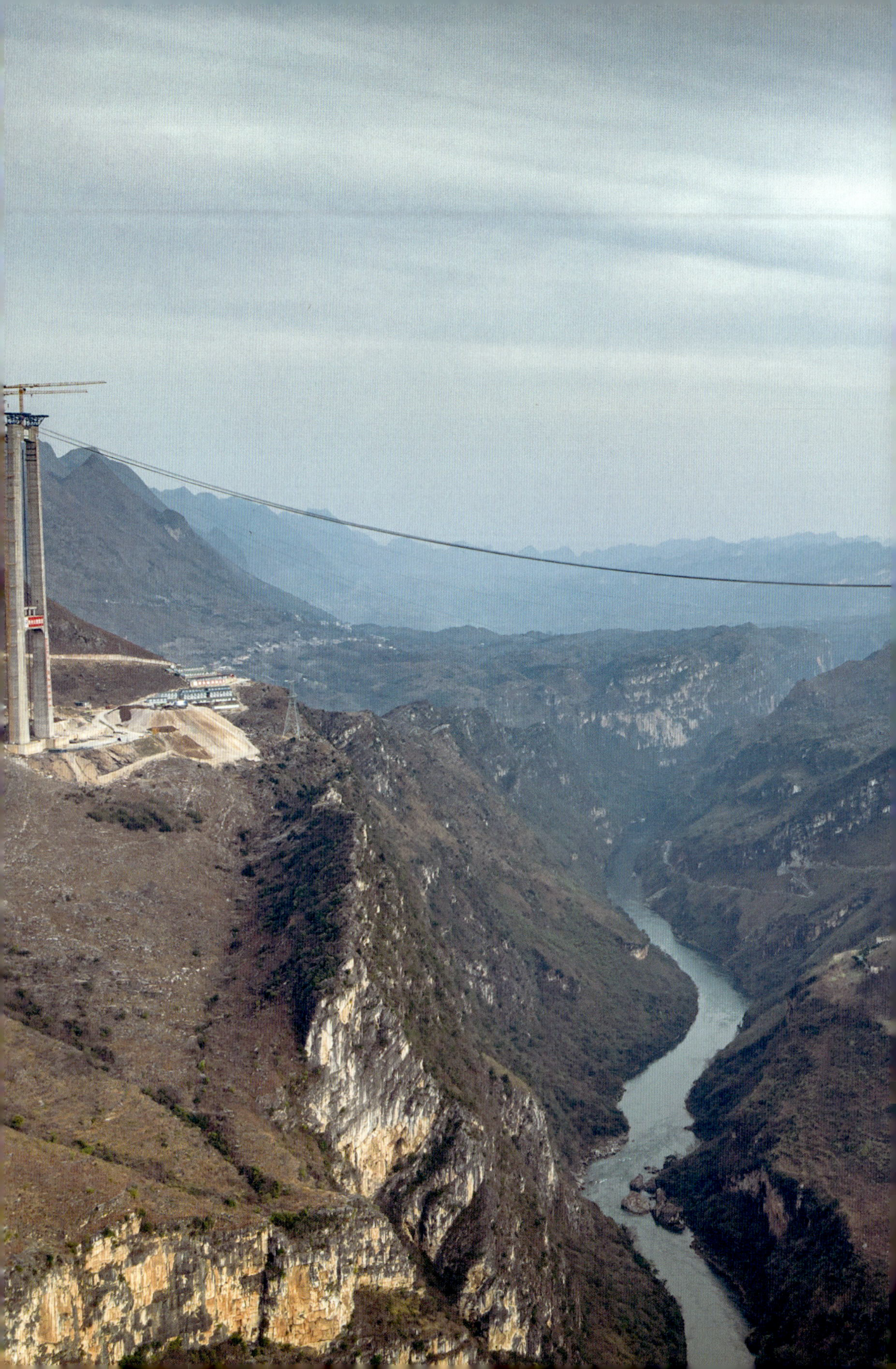

正在建设的花江大桥

人文名胜。

小花江还是一座英雄寨落。1935年4月18日，长征中的红三军团十一团二营（缺1个连）及团侦察排，在团政委张爱萍率领下，消灭平街守敌后，立即赶赴距平街约15千米外的小花江，击退关岭来敌，控制铁索桥并与敌隔江对峙，牵制安顺、镇宁、关岭敌人，掩护党中央和红军主力安全转移。如今，小花江村里建设了红色文化研学基地，展陈馆里讲述着当年的故事。

铁索桥下，是董箐水电站库区，经常有游客乘坐游轮来到小花江游玩。

浓郁的民族风情、久远的古道文化、激越的红色岁月、悠闲的水上旅游，小花江本已是贞丰县旅游资源禀赋丰厚的布依村寨。而小花江寨头顶上的六安高速公路花江大桥，从设计开始，就充分考虑到了"桥旅融合"。

曾经两获世界桥梁"古斯塔夫·林德撒尔奖"的贵州省交通勘察设计研究院股份有限公司，设计花江大桥时就提出了"桥文结合""桥旅结合"的理念，并付诸实施。首先，在连接大桥的高速公路边为小花江寨留下口子，便于地方政府把路连通到小花江寨。在桥塔设计中，设计了观光电梯，游客可乘坐电梯到塔顶观光。在桥端的服务区，融入小花江的历史文化。

为了便于游客在桥上观光，在大桥上设计了下悬的人行观光桥廊。这项工作难度很大。因为如果只是车，一座桥飞驰就过了，而人与车对桥的理念和感受是不同的。风是影响大型桥梁的最大因素，控制设计的往往是风。桥看起来是钢筋混凝土组成，很坚固，但由于跨度极大，其实是柔性的，人、车通行会晃动。风对跨度极大的桥梁的影响，打个简单的比方，就跟休闲使用的吊床一样，甚至会造成扭翻转的结果。为了保证大桥供人行参观的目的和游人的安全，设计院请来湖南大学陈政清院士的研究团队，共同攻克这个难关。

曾经，交通不便让小花江的旅游资源锁在深山。六安高速公路建成通车后，从黔西南州府兴义市出发，最多一个半小时就能够到达小花江。游客轻轻松松就能够去看一看世界最高桥梁的雄姿，山区最大跨度桥梁的风采。

CHAPTER 10
神秘山地的历史文化

黔西南州有猫猫洞、安龙观音洞、兴义张口洞等数十处古人类遗址和遗迹。

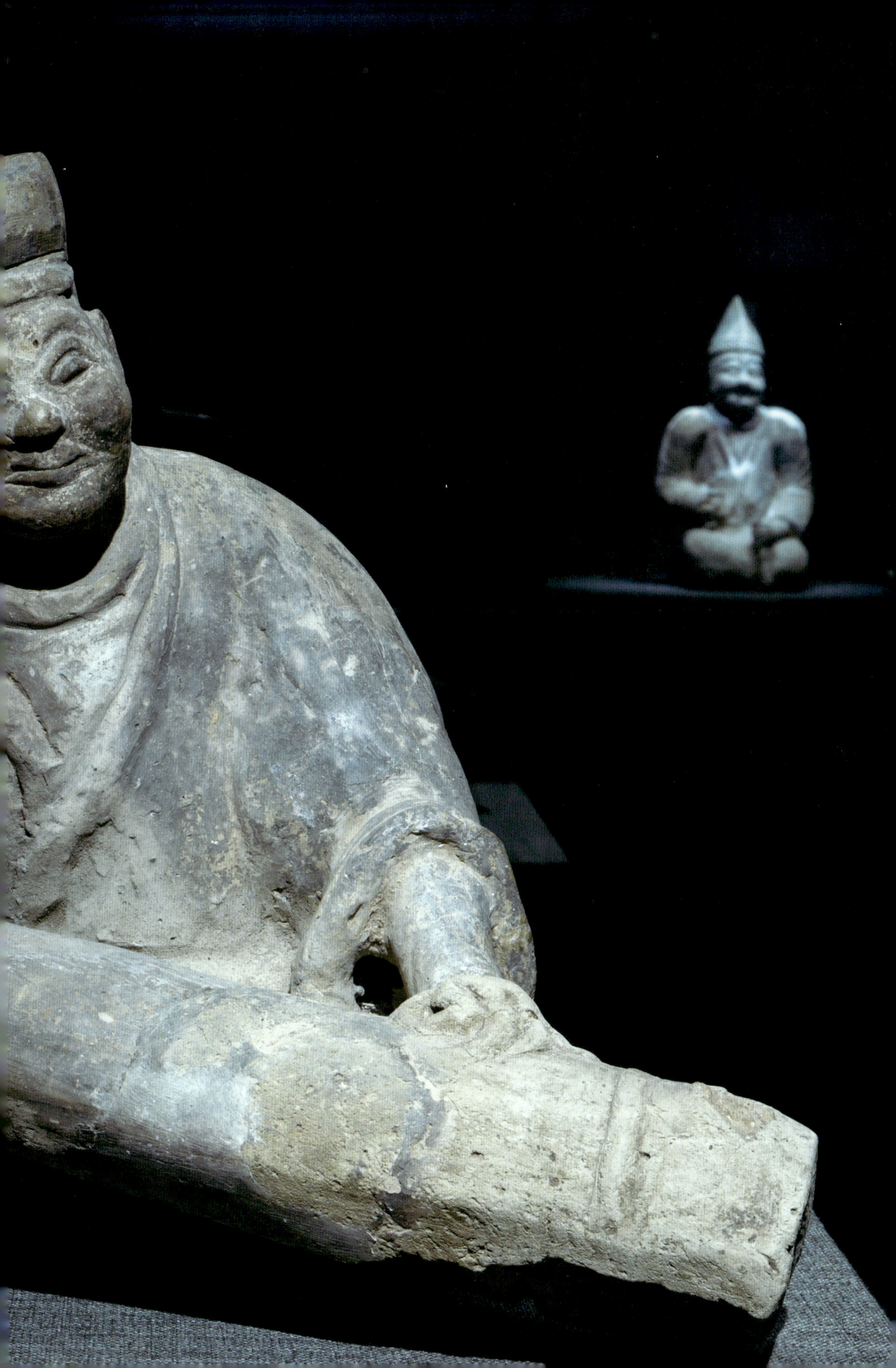

■ 带一本书去黔西南

猫猫洞远古人类

  首都北京天安门广场东侧的中国国家博物馆里，展示着一柜古人类化石，展柜标签注明出土于贵州兴义。

  1974年冬，贵州省博物馆考古组专家曹泽田在兴义田野考古时，发现了猫猫洞旧石器时代遗址。1975年10月，贵州省博物馆试掘猫猫洞，探明了该地为一处价值很高的旧石器时代晚期文化遗址。同年11月，正式发掘工作开始，发现了珍贵的人类化石7件，形态与山顶洞人101号下颌骨相似，股骨较粗壮，骨壁厚，髓腔小，与晚期"智人"化石相似，大致与山顶洞人、河套人、下草湾人接近，被命名为"兴义人"。此外，发现石制

猫猫洞遗址

品4000多件，骨、角制品14件，以及一些动物化石和人类的用火遗迹。

猫猫洞古人类遗址的特点是：古人类生活时间距今八千至一万二千年；石器制作方法以"锐棱砸击法"为主，"锤击法"次之；出现了数量较多的骨角制品，其中个别类型在国内尚属首次发现；遗址中发现了烧骨、烧石、炭屑等用火遗迹。综合分析，猫猫洞遗址地质时代属晚更新世的后一阶段，属旧石器时代晚期文化。根据其文化表现的特殊性，被定为"兴义猫猫洞文化类型"。1980年中国科学院出版社出版的彩色《中国古人类画集》，将猫猫洞遗址出土的人类化石定名为"兴义人"，并称："在一个遗址内出土人类化石之多，石器材料之丰富，骨器数量之大，制作之精致，在华南旧石器时代晚期是首屈一指的，在全国也十分突出。"

继猫猫洞之后，黔西南州又发现了安龙观音洞、兴义张口洞等一批古人类遗址和遗迹点数十处，部分列入全国重点文物保护单位、贵州省级文物保护单位。

古遗址、遗迹点均是被发现于较为干燥的喀斯特溶洞、岩厦处，而且洞厦前都有一块台地，台地下多有河流，证明古人类的远古居所是洞穴，而且这些洞穴干燥舒适，能够抵御猛兽侵袭、便于取水饮用。

黔西南的古人类遗存，就集中展示在专题陈列馆中。兴义这片土地之上，万年前人类使用的石锤石斧、骨椎骨铲静静躺在玻璃展柜中，展现着人类从历史中一路走来的艰辛。巨大的剑齿象牙齿，已经石化了的动物烧骨均可在这里看到。游客们通过了解，学习到兴义古人的食物，属于地质历史上第四纪哺乳动物华南大熊猫——剑齿象动物群里的动物，以及同时代森林里的果实。认识领悟到我们现在的生活，就是在古人类对石头的打砸里的延续。

陈列馆里的石器，不但有打制石器，还有石斧、有肩石锛等磨制石器。从打制到磨，看起来简单，却是古人类学会制作、使用工具的巨大进步，是从旧石器时代走向新石器时代的标志。

展柜里，摆放着已经具备艺术气息的石刀，悬挂着远古的磨制石吊坠，远古的人们，已经产生了爱美之情。他们最终走向了何方？

陈列馆中的旧石器时代展示部分

神秘山地的历史文化

铜鼓山探秘夜郎

贵州是神秘古夜郎国的核心地带，黔西南是研究古夜郎的重点区域。而想要知道夜郎国是怎么样来的，需要大量的考古资料和成果来支撑。距今八千到一万年的兴义古人类遗址遗迹，正是研究这一神秘古文明的瑰宝。

1978年，贵州省文物保护部门在黔西南州普安县青山镇营盘村发现了铜鼓山遗址。经过考古发掘，确定遗存有房址4座、窑址1座、灰坑11个和活动面、火塘、大量零散柱洞等遗迹，出土有较完整的陶器、石器、青铜器、铁器、玉器和冶铸青铜器的陶石范模500余件，陶器碎片1万余片。确定时代为战国至

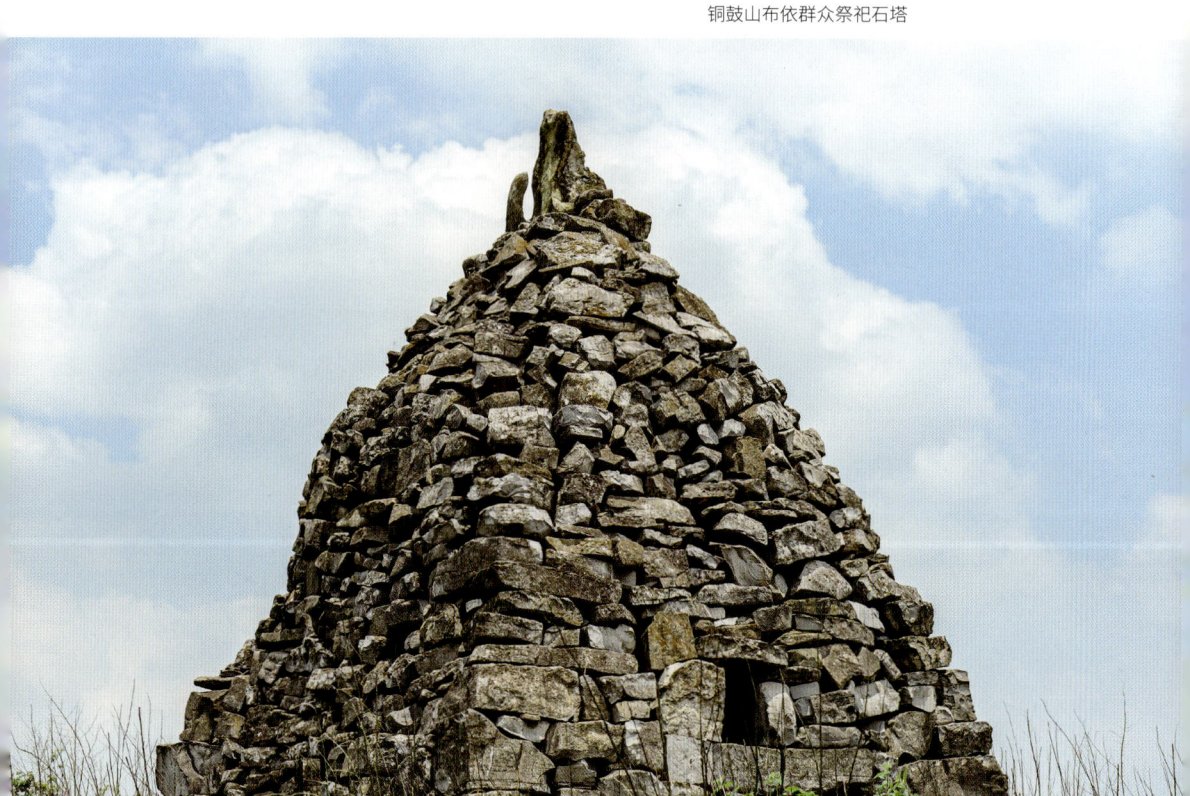

铜鼓山布依群众祭祀石塔

西汉，尤其重要的是，冶铸青铜用具除部分陶坩埚外，出土的范模包括戈范、剑范、钺范、镞范和鱼钩范等，发掘者认为：铜鼓山遗址是一个铸造铜器（以兵器为主）的手工作坊遗址，它是贵州境内经过正式发掘的唯一一处战国至西汉时期青铜冶铸遗址，具有重大的学术科研和保护价值，为探讨古夜郎文明提供了重要而丰富的实物资料。2013年5月，铜鼓山遗址入列全国重点文物保护单位。

2009年，贵州省考古研究所又在兴义发现了阿红遗址，经过考古发掘及研究，可以确定阿红遗址的类型为"铜鼓山类遗存"。这为普安铜鼓山的文化类型提供了进一步的历史遗存支撑。

"夜郎的疑问"专题陈列展里，展示着铜鼓山类遗址的文物。极具古夜郎特色的铜锄、铜钺、铜釜、铜铃、铜箭镞等青铜器。精美的器物让游客的眼睛应接不暇。国家一级文物曲刃铜矛锋、刃、脊、骹、钮完好无损，矛峰、矛刃寒光森森，精美中透出森寒，绝对是冷兵器爱好者的挚爱。展出的数十件铜钺，既有兵器，也有礼器，其中最精美的要数一件镂刻着羽人纹的靴形铜钺，器物表面金属光泽强烈，羽人们载歌载舞，让人忍不住想拿在手中细细观察。有一件铜铃，随铃铸出双鱼、双蛙，可爱至极。展出的数柄一字格曲刃铜剑，与全国其他地方的青铜器相比，形制独特，剑身带柄尺许长短，剑身却极宽，配合着曲刃，既可刺杀，又可劈砍，是夜郎文化的重要实物。除此之外，展厅展示的羊角钮钟，也是夜郎文化的重要器物，青铜钟钮形状就像两只羊角，卡通感十足。

在"一州主"单元，一对青铜剑分雄、雌。雄剑"T"型柄端，

神秘山地的历史文化

羽人纹靴形铜钺 黔西南州博物馆/供图

也为一字格，祭祀礼器的特点突出；雌剑椭圆柄首，短格。这两柄剑，通体铜黄光泽，剑柄镂空，花纹复杂，细致精美，国家一级文物实至名归，为博物馆镇馆之宝之一。3号厅内，还展出有玉器、铜铃、铜臂环、铜手镯等器物。同时，以图片的形式向游客展示这些器物出土时的考古发掘环境，考古发掘时器物半截出土时的现场状况，让游客深切感受到现场参与感。

陈列馆里有一间房，游客走进去就会感到震撼。大大的一间房，却只展示了鸽子蛋般大小的一件器物。走到暗屋门边，屋内墙上放大的器物图像移动着，游客立刻感受到强烈的视觉震撼。

■ 带一本书去黔西南

而玻璃罩内，一束光照射着的器物，透明血红，竟然是一件雕刻为司南配形状的血色琥珀，那种历史的沉淀，那种高贵的气息，让游客迈不开脚步。游客这才明白，为什么一整间屋，竟然只展示这一件小小的珍宝。

夜郎古国的神秘面纱，如今依然没有被揭开，黔西南州博物馆的展示文物，只揭开了这层面纱的零星半点。正是这样的神秘，吸引着游客走进博物馆，探寻蛛丝马迹，发挥自由想象。

琥珀司南佩

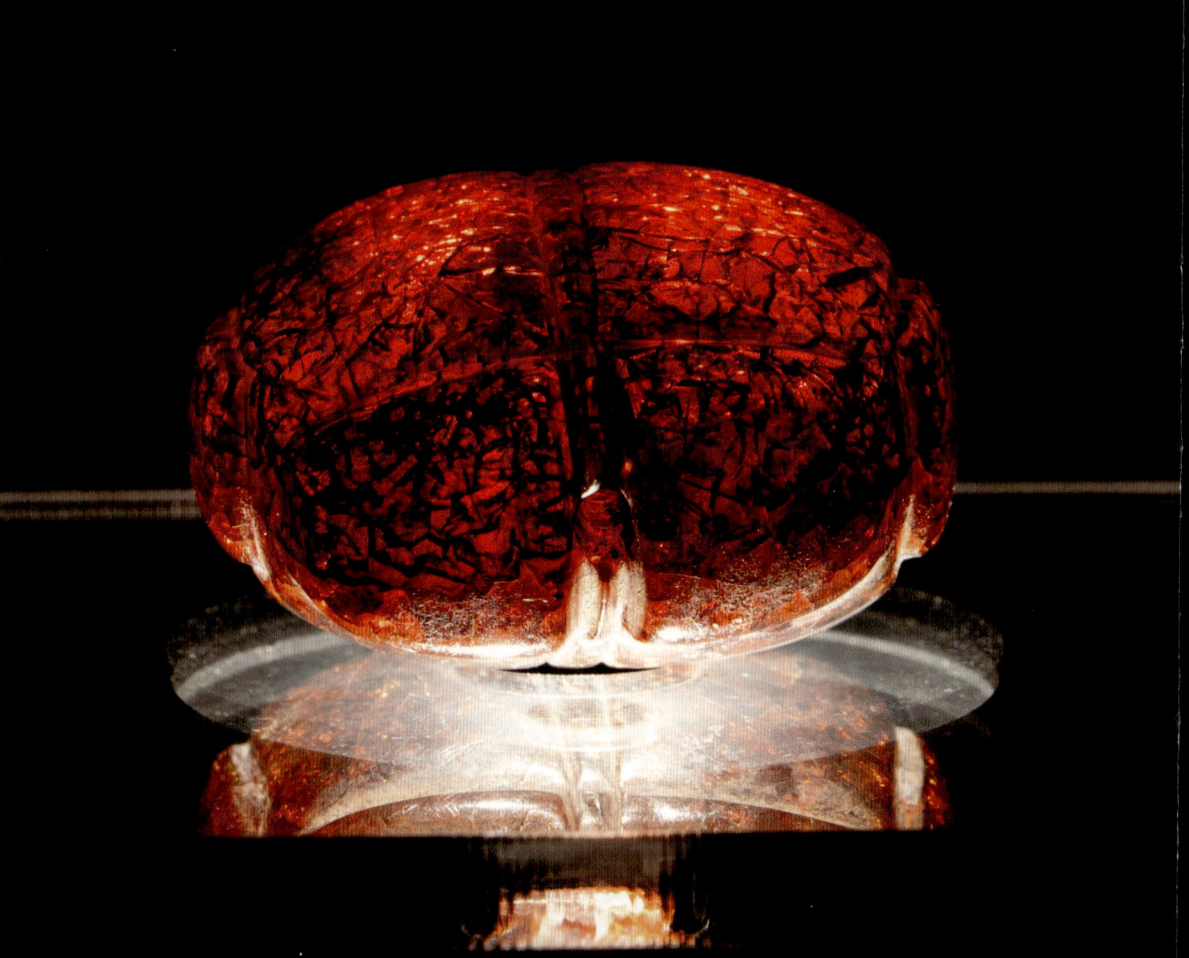

千年前的农耕文明

20世纪70年代,黔西南发现了兴义万屯汉墓葬群、兴仁交乐汉墓群,均已列入全国重点文物保护单位。贵州省文化和旅游厅组织的专家评语:"从汉墓数量、规模比较,在贵州省属比较集中、规模大、墓室结构精巧、出土文物品位高,在全省史学界、考古界认定都是首屈一指的;万屯汉墓群出土的大量珍贵文物,为贵州历史不可多得的实物史料,填补了贵州古代史的部分空白,它与省内其他遗迹、遗物的发现相结合,共同为贵州古代史的连续性、真实性提供了有力的实物资料,尤其以8号墓出土的铜车马、陶质水塘稻田模型最为珍贵,充分体现了古代劳动工匠的智慧结晶,是不可多得的艺术精品,对于探索汉代车制、冶炼工艺及川黔交通等,提供了珍贵的实物资料;万屯汉墓群是贵州省考察汉代政治、军事、农业、文化的一处重要场所,从它的地理位置来看,离"夜郎国"越来越近,由此可见具有较高的历史、科学、艺术价值。"

经研究,两座汉墓群的时代为东汉,时间下限为汉桓帝、汉灵帝时期。它们出土的大量珍贵文物,就展示在"夜郎的疑问"专题陈列展中。

展柜中,曾经作为中国文物精品展海报使用器物的陶器抚琴俑高、宽均一尺左右,制作技艺精良无比,刻画十分细腻。它悠闲随意地跪坐于地,身着汉代右衽服,两手宽袖挽于双肘,神态随意自然。最吸引人的是它的面部表情,只见它满面春风,喜容可掬,眉目间传达出一种怡然自得的心境,悠闲惬意感染着游客

陶狗

的心。这是陈列馆里的镇馆之宝之一。除了抚琴俑，展柜里还依次排列着庖厨俑、说唱俑等器物。除了人物，陶器中还有许多动物，陶牛栩栩如生，陶狗龇牙咧嘴，陶母鸡蹲在地上，背上蹲着一只鸡雏，而母鸡张开的双翼下，也护着自己的其他鸡雏，喜感十足。

　　陶器不但精美，更重要的是，它们的产生是古代先民从游动耕种方式转变至定居农耕形式的佐证，更以其对生活场景的记录展现出千年前的农耕文明。

　　"夜郎的疑问"陈列馆里的展览陶器，直观反映出汉代黔西南与周边的交通往来达到了新的高度，汉文化的触角已经伸进黔西南。陶屋、陶粮仓、陶灶、陶罐、陶杯等器物，充分反映出东汉时期黔西南发达的农耕文明。

　　陈列馆里农耕文明信息最突出的两件陶器，是一方一圆两件水塘稻田模型，均为盘型，盘中有稻田，又有田埂将稻田隔离开

神秘山地的历史文化

来，形成水塘，塘内鱼、蛙、荷叶荷花尽现；田里稻穗弯坠；在陶盘盘壁上，还等距离刻出树木形状。一片田园风光，把千年前兴义的农耕文明展现得淋漓尽致。

站在这两件水塘稻田模型边，游客仿佛回到千年前，听着稻田蛙声，看着肥鱼漫游，还有风把树枝、荷叶抚动，遥想着田园人家的晨炊起，暮牛归。有的年老游客，就想起了父母累弯了的腰，炽热阳光和春秋风霜镌刻出皱纹的脸。奔忙中偶尔得闲的人，站在水塘稻田模型边，就感受到了恬静。生活，其实就应该是这样。

小小几个展厅，就把游客从万年前的旧石器时代带进农耕文明。其间，经过了铜器、铁器时代，简洁紧凑而精彩纷呈。

水塘稻田模型

车载乡愁

说到视觉冲击力，得数展柜里一件接一件的青铜器。在贵州，黔西南是汉代青铜器的世界，陈列馆里铜洗、铜甑、铜釜等琳琅满目。众多青铜器里，一件摇钱树牢牢吸引着游客的目光。深埋地下近两千年，摇钱树并不完整，但也有 1 米多高，底座为以山羊造型为主的陶座，让人想到兴义"中国羊肉粉"之乡的称号。山羊下部还塑造出兔、猴、鸡等动物，又让人思考中国十二生肖的来历。青铜主干粗约两三厘米，空心铸造，顶部残损。枝干五层，若是上部完整，不知还有几层。既然是摇钱树，主干、枝干、枝叶各部位当然遍布汉五铢钱，五铢钱旁无数汉代人形、动物铸件精彩纷呈，有方相氏祭火、舞蹈羽人、带翅的鹿、展翅朱雀、摆尾游鱼等。主器物展示柜周边，装饰墙上布满小型玻璃展柜，摇钱树枝叶散件陈列其中，每一片都精致细腻，吸引游客眼球。展厅中，还有几件无法修缮组装的摇钱树主干，证明汉墓中埋藏的摇钱树不会只有一棵。

摇钱树之外，参加过中国文物精华展、中国文物精品展的连杆灯、提梁壶静静地等待着游客的目光。它们完好无损，满溢时光的过往。提梁壶圈足圆腹束颈，壶、盖相配，两耳铜环链扣，便于移动。连枝灯座双龙盘绕，托起顶灯跪人；主干上，四条龙形灯枝托住灯盘，龙身上铸饰朱雀、跪人；主干顶部，一条盘龙头上尾下，惟妙惟肖，龙头再托出连枝灯的顶灯。展厅里，巴郡守丞印、巨王千万印，一官一民两方千年古印，同样等待着游客的目光。

神秘山地的历史文化

摇钱树

6号展厅正中的两套铜车马，是黔西南乃至贵州省的古代文物代表。其中一套，有巨大轮轭，两千年前的战车；另一套，铜马轭辔齐备，拉着一辆青铜篷车。两件车马，精细异常。战车出土于兴仁交乐汉墓群，是原件；而棚车，则是复制件，因为原件收藏于贵州省博物馆，是省博的镇馆之宝。这套车马，总长112厘米，通高88厘米。整个铜车马由架马、轮轴、车厢与篷盖多个部分组成，采用了浇铸、锻打、扣合、焊接、鎏金等制造工艺。马的部分由头、耳、颈、躯干、四肢、尾部共十一段分开铸造装配而成。马的造型昂首翘尾，左前肢提起，张嘴露齿作嘶鸣状。马后的车篷采用多块铜箔拼接而成，卷曲成U型覆瓦状，厚度轻薄如纸。车篷上部主体花纹是斜方格纹，篷盖的下半部通体装

神秘山地的历史文化

饰卷云纹，云纹线条参差环绕，既给人流云漂浮之美，又借线条的相互制约，加强了平面的牢度，这一设计也是工艺、美学和力学的巧妙结合。在汉代，社会等级制度十分严格，车马是宦僚、贵族的专用交通工具，同时也是社会地位高低的标志。这件铜车马具有"辎车"的特点，是迄今为止国内出土的汉墓中车马里最为完整的一个，被誉为贵州青铜之冠。

走出"夜郎的疑问"——贵州汉代历史文物展的出口，羊角纽钟的余音仿佛还在缭绕，血色琥珀的艳丽好像还在眼前，水塘稻田的乡愁挥之不去。游客在众多文创产品里，选购一件铜车马模型，把这一份乡愁载回去。

铜车马

清勿乱丢垃圾

贵州

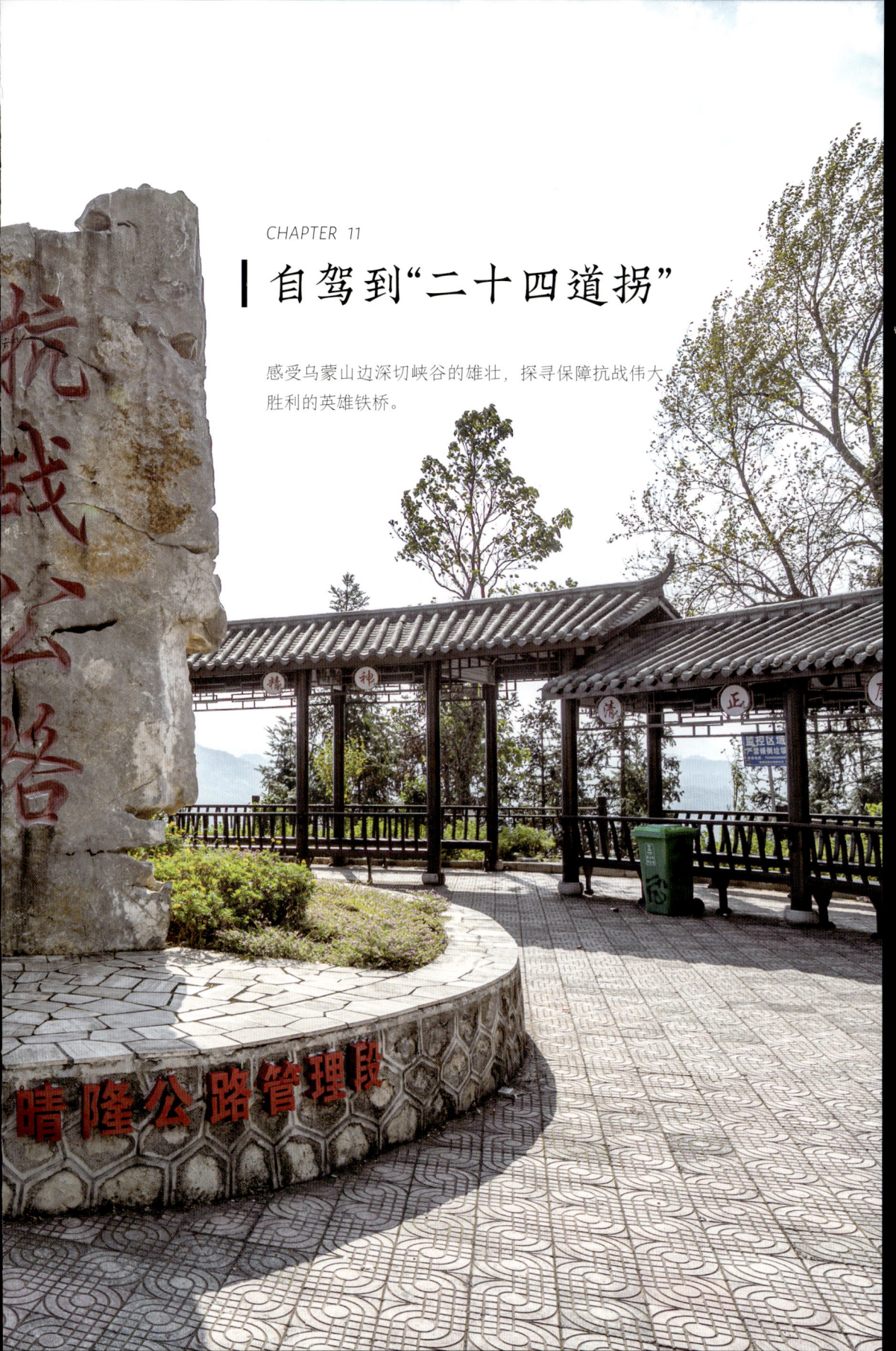

CHAPTER 11
自驾到"二十四道拐"

感受乌蒙山边深切峡谷的雄壮，探寻保障抗战伟大胜利的英雄铁桥。

历史名城安龙

历史上,黔西南有两个以"兴义"为名的地方,兴义府即为如今的安龙县城;兴义县即现在的兴义市。至1913年,兴义府改为南笼县,1922年又改名为安龙县,如今是黔西南州最著名的历史文化名城。从汕昆高速兴义东站至安龙站,全程53.5千米,车程35分钟。

安龙县又有"龙城荷都"之称。清顺治九年(1652)年,明末农民军张献忠大西军余部将困居于广西濑湍的南明永历皇帝朱由榔及小朝廷接到安龙。直至1656年,永历朝廷在大西军将领李定国的保护下退往云南,在安龙共计驻扎了4年时间。由于是"皇帝"待过的地方,安龙因此被称为"龙城"。如今,保留下明十八先生祠、南明历史博物院等历史遗存和历史研究场所。

"荷都"则得名于清康熙三十三年(1694)广东番禺人、安笼镇中营游击招国遴倡建的招堤。招国遴之后,历任官员对招堤及堤畔金星山古建筑群多次维修、扩建,形成了著名的历史文化遗存和人文景区。

清道光二十八年(1848),兴义知府张锳将招堤加高五尺,从江浙移植菱荷于海子沼泽,在堤畔金星山上建"半山亭",将其子"十一龄童"张之洞所作《半山亭记》镌刻于石壁,造就了张之洞神童之名。而张锳所种菱荷,在良好湿地环境下蔓延生长,成为如今国家4A级旅游景区"安龙招堤"的核心景点"十里荷池",为安龙赢得"荷都"美名。

当年种下菱荷的兴义知府张锳,还用其兴文重教的一桩美谈,让安龙成为"加油"一词的发源地。

道光二十一年（1841），张锳就任兴义知府。届时，中国刚刚经历了第一次鸦片战争，拉开了近代中国苦难的序幕。忧国忧民的士大夫张锳渴望郡地人才辈出、为国效力。上任伊始，他就重建兴义府试院，为兴义府五属苦读学子创造了良好条件。他还增修兴义府学，拓修明伦堂，移训导署于启圣祠侧，又建名宦、乡贤、忠义、孝悌四祠于大成门外，兴义府文风、学风由此丕振，为地方培养了大量人才。

张锳在兴义府为官十余年，除了以上发展地方教育实绩，在任的每一天，他始终坚持做一件事。每到夜幕降临，他就派出差

兴义府试院魁星阁

役挑着灯油巡城，只要见到哪一户人家窗户还透着灯光，挑灯苦读，差役总要敲门入户，高喊一声"太守大人添灯加油喽！"为学子把灯油加满。声声"加油"，激励着兴义府莘莘学子。"加油"一词在兴义五属传开来，最终响彻华夏神州，响彻世界各地。

安龙城里，保留下当年张锳重建的兴义府试院。神奇的科举考试之地，如今已经非常罕见，被列入贵州省级文物保护单位，是游客，特别是家有学子的游客必去之处。

走进试院，考棚石砌基础、考官巡考道路，让游客感受到当年莘莘学子的寒窗岁月；庄严肃穆的大堂、二堂、魁星阁，录述着南盘江边的兴学过往；神秘精巧的内帘阁楼，回忆着当年考官端详试卷发现人才时及胸长须的欣然抖动；学子的宿舍植桂轩，长衫学子仿佛还在进进出出。鸦片战争后的国家、民族苦难，让他们在张锳的添灯加油声里，从学而优则仕的简单理念，感悟出了华夏盛世何时还的加油方向。

抗战生命线"二十四道拐"

抗日战争是中华民族不可忘却的苦难记忆。当年，在侵略者对沿海和其他陆地交通线全力封锁，企图阻止盟国和海外华侨向中国援助抗战物资的情况下，一条由滇缅（缅甸至昆明）、滇黔（昆明至贵阳）、黔渝（贵阳至重庆）3段公路组成的抗战生命线，将外部支援和战时陪都重庆紧紧相连。国内外爱国人士抵御外敌、团结一心，每一天，由他们组成的运输车队都要冒着日军飞机的

盘江铁桥

扫射、轰炸，艰难地运输抗战物资。为此，他们风餐露宿甚至献出宝贵的生命。

这是当年中国抗日战争得到外部物资支援的唯一一条陆地交通线路，"二十四道拐"名扬世界，为中国抗日战争和世界反法西斯战争作出了不可磨灭的历史贡献。

当年，二十四道拐是渡过北盘江后，贵阳至昆明的必经之地，由鸦关古道改建而成，盘旋在晴隆县城郊外晴隆山山脉西南端，六七米宽的砂石路面全长 4 千米，12 个倒 "S" 形的弯道垂直高度竟达 260 米。这条抗战公路，先是由中国工程师勘测设计、西南公路局修建竣工于 1936 年，后因全面抗日战争爆发，为保

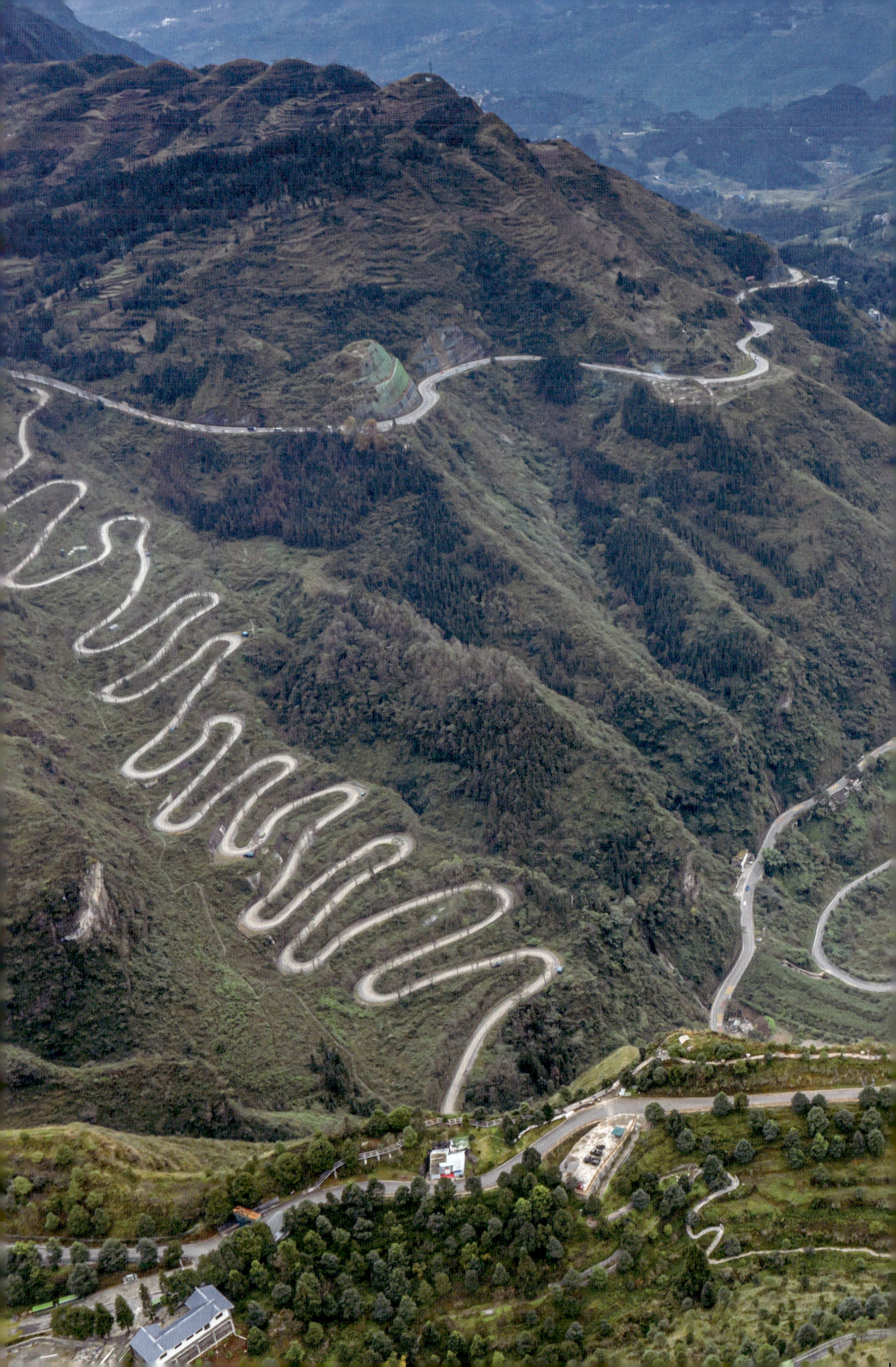

二十四道拐与观景台抗战展览馆俯瞰

障物资车辆能够顺利到达战争第一线，中国军民与援华盟军又在1943年进行了修缮。

二十四道拐东边20多千米，还有一座通往贵阳、重庆的铁桥，它横跨在北盘江上，记录着侵略者无数次的疯狂轰炸。据当年盘江桥工处主任金承昌回忆，盘江铁桥是敌机志在必毁的目标。1940年6月初，每天总有9架敌机前来，前后轰炸了5次，终于在6月8日把老铁桥炸毁。中国工程师和军民抢修出一条载重量不足的便桥。之后开始修建码头渡口、浮桥，想尽一切办法保证公路畅通，并于1942年春修复老桥。

抗战时期，黔西南地处西南大后方。然而，正是二十四道拐和盘江铁桥的战略地位，"飞虎队"与日本空军在这里频繁空战。黔西南的兴义、安龙、望谟等地，都摔下过盟军战机，跳伞的国际友人得到黔西南各地各民族群众的及时帮助，重返抗日战场。

如今，二十四道拐不但是黔西南十八景之一，更是全国重点文物保护单位、国家4A级旅游景区。从兴义出发，沿着晴兴高速公路，一个半小时车程，就能来到抗战生命线——二十四道拐。

为了保护抗战公路，社会车辆是不允许驶进二十四道拐的，络绎不绝的游客可坐上观光车，亲自体验曾经的抗战交通生命线。许多游客会走下车去，去触摸当年中国军民和盟军砌筑的一堵堵挡土石墙，在砂石路边的一排排抗战车队边走过，将自己代入烽火连天的救国抗争中。

亲自体验了抗战生命线，可跟着观光车前往二十四道拐对面大山上的观景台。这里有抗战展览馆，更有目光所及的祖国大好河山。

展览馆里，一张张中国军民和盟军战友抢修道路、桥梁的真实照片，让游客沉浸于伟大抗战的艰辛。观景台上，二十四道拐镶嵌进巍峨群山，游客可用照片把自己也镶嵌进去。花白头发的老人，总会双手扶着观景台的栏杆，盯着二十四道拐，默默发会呆，随风轻动的发丝下，眼神是那么的深邃、坚定。

把自己镶嵌进二十四道拐的游客，往往还会驾车前往盘江铁桥，感受乌蒙山边深切峡谷的雄壮，探寻保障抗战伟大胜利的英雄铁桥。

"阿妹戚托"的舞步和欢歌

探寻抗战二十四道拐和盘江铁桥的游客，是舍不得离开晴隆县城的。因为县城边，有阿妹戚托小镇，彝家每晚的篝火，把游客牵进似海的欢乐。

黔西南州原有兴仁鲁础营回族乡、普安龙吟苗族乡、晴隆三宝彝族乡3个民族乡。随着脱贫攻坚的实施，晴隆三宝彝族乡的彝家群众和其他地方的苗族群众，搬离了"一方水土养不富一方人"的大山，团聚在县城边的三宝街道阿妹戚托小镇，成为贵州省唯一一个因整乡搬迁而建设的国家4A级旅游景区——阿妹戚托景区。

搬出大山的群众搬出了欣喜，登上阿妹戚托景区的"三宝塔"，彝家、苗家的新家园尽收眼底，街巷沿缓坡展布，小楼层层叠叠规划整洁合理。走进彝家的虎头坡、苗家的牛头坡，小镇居民热

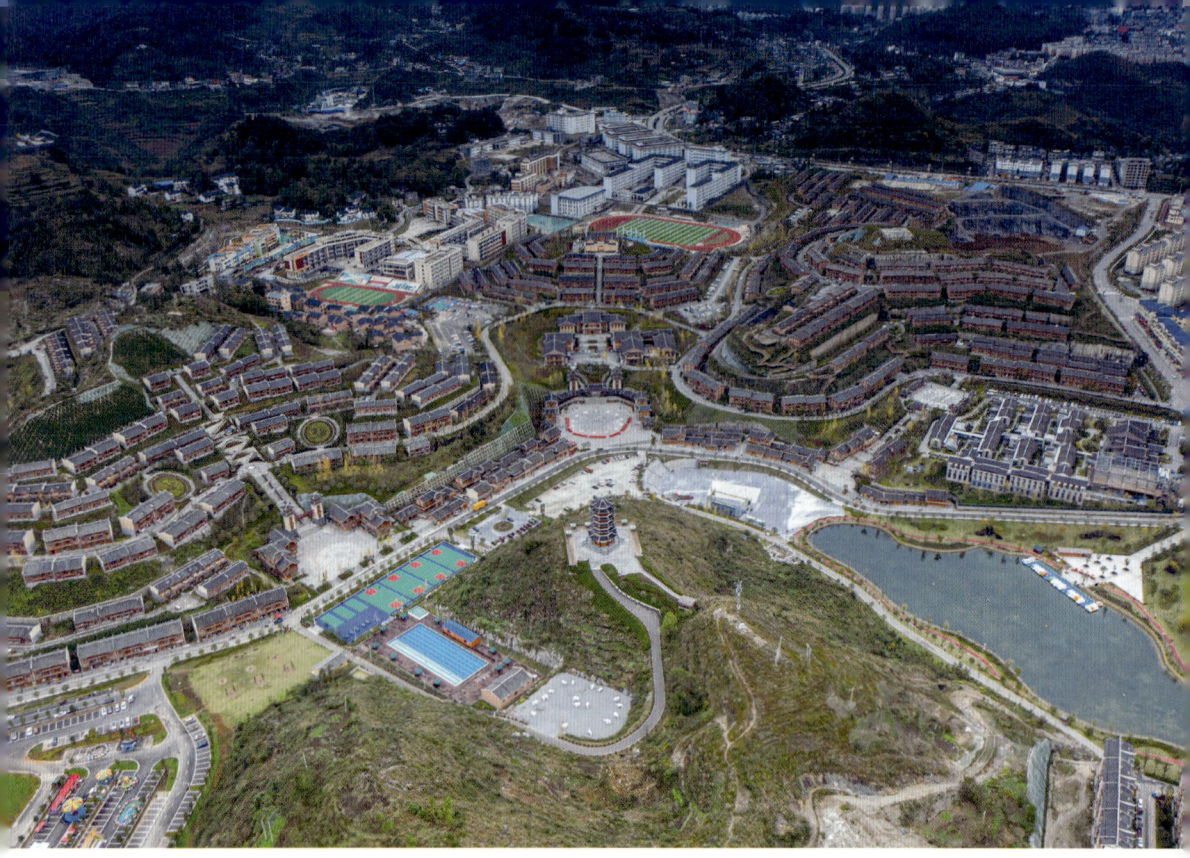

阿妹戚托小镇俯瞰

情招呼，外来游客好奇问询，浓郁的民族风情中，深切感受到民族团结和谐。搬出大山的群众，经营起民族风情手工业作坊、民族风味餐馆，向游客展示优秀文化、丰富旅游业态的同时，也让自己增收致富。

小镇周边有许多劳动密集型企业，为搬迁的群众提供良好的就业岗位。而勤劳纯朴的小镇青年，每天下班之前，就都在盘算着"阿妹戚托"了，小小心思，已经溢成面上忍不住的轻浅笑容。

"阿妹戚托"是彝语，意思是姑娘出嫁舞，亦称"跳脚舞"，踏地为节，节奏欢快、气氛热烈，被誉为"东方踢踏舞"，曾经跳进过人民大会堂，被列入国家级非物质文化遗产名录。在黔西南州的许多重要大型庆典活动、重要文艺展演中，"阿妹戚托"

是必不可少的保留节目。最重要的是,"阿妹戚托"节奏明快容易学习,能够非常轻易地将游客带进欢乐的海洋。

小镇的夜,"阿妹戚托"是必不可少的。每天晚饭后,阿妹戚托小镇的彝家、苗家群众就往景区广场聚集,游客也跟着往广场而去。广场喇叭早已响起民族旋律,即将点燃的篝火,已然勾出了激情。

民族盛装,舞动出新时代的韵律。随着音乐响起,美丽的彝家姑娘十余人成排,手挽着手,踏动舞步,在"阿妹戚托唻、阿妹戚托唻,阿妹戚托,阿妹戚托,呜、呜……"的欢快歌声中,一排排美不胜收的艳丽旋转,一阵阵空灵心声的真情呼唤……人,就已经醉了。

自发的激情是小镇居民的日常,星月下的狂欢,让游客把奔忙生活的无奈遗忘。表演一番,彝家、苗家小伙小妹妹手牵着手,围着熊熊燃烧的篝火,日复一日复制彝家火把节的飒爽,把幸福

阿妹戚托的舞步 陈亚林/摄

抛洒。小伙小妹妹向游客伸出了手,邀请大家一起快乐。早已沉浸进欢乐的游客,洒脱地欣然接受,挤进"阿妹戚托"的汹涌里去。

舞蹈的脚步在转圈,时间在慢慢流淌,月夜星空下是欢乐的海洋。游客从二十四道拐的历史时空,觉醒进最自然的民族风。彝家妹妹的清丽,苗家姑娘的激情,让篝火更旺、星月更加光芒。

晴隆还有安南古城,是明初调北征南的记忆、抗战时期的交通重镇;还有安南加油站以及加油站边上的森林酒店,可以听春夏虫鸣,看秋冬叶摇,让心境归于宁静。晴隆还有全世界唯一的古树茶籽化石,把游客吸引到生长进天空的茶树下,让游客细细品尝千年古茶芳香。

许多游客回去后,会忍不住到网上又一次查询心心念念的"二十四道拐""阿妹戚托""中国茶籽化石",查询晴隆的点点滴滴。

布依人家万重山

从兴义出发,同样是一个半小时的车程,就到了"中华布依第一县"——册亨县城。

册亨县的布依族群众人口比率达到78%,布依戏、布依小打音乐唱响在村村寨寨,布依人家的淳朴乡音回响在南、北盘江畔,布依人的待客热情融化进绵绵大山。

册亨县有国家4A级旅游景区——万重山,地处县城西不到20千米。千万不要嫌远,汽车攀登万重山的路,就是一次与大自驾到"二十四道拐"

万重山晨曦

山亲密接触的途程，很多时候，你就想停车，不让大美隔着车窗。很多时候，汽车行驶在山脊，登上龙脊岭，山梁把群峰一分为二，一边是丘陵的别致，一边是峰林的秀绝，一梁两景，喀斯特就是这么任性。

登顶万重山，山峰层峦叠嶂，游客就知道了什么是山的海洋。观景台上的风，把白云吹到头顶，那只是一片，还有更多的，遮挡了浩瀚涌动峰头的几处峰巅，让阳光斜洒出眩幻；让目光流连。

极目几千里，峰中寨落聚。布依人家的木楼瓦面，星星点点，穿插进亿万年石峰的瘦透间，村在林中，屋在叶下，依山傍水，阡陌交通，远眺的人儿，意念中就涌入鸡犬相闻、乡野田园的炊烟味，吊脚楼木梯平台上的纺纱声。

■ 带一本书去黔西南

　　万重山顶，让老人把儿时田间地头沟溪畔的欢快、青春年少的抱负、壮年劳累的奔波和当下如歌的天伦串成了串，看一眼云下的峰，峰里的大山人家，品一口万重山的茶；万重山顶，让少女发随风乱，想起自己经历过的点点滴滴，羡慕起万重峰林深处的古老爱情。

　　数百年前，布依人家走到了万重山的脚下，放下背篼，开始摆放乡愁。岁月就任凭山风嘶吼，族韵就在盘江涛潮回荡的余音间停留。一代一代，一辈一辈，万重山上，观景台、亚高原步道连接起七彩滑草，从峰巅到山腰，让游客"怦怦"心跳后，就融入进重山花海、云溪餐吧、书兮宽舍、云汐音乐酒吧、溪曦露营基地、网红拍照热气球、重山明月、睡眠盒子、悬崖秋千、空中滑索、步步惊心桥……

万重山景区设施　王冬云／摄

册亨，贵州西南的山水册页，幸福亨通，把布依人家的喜悦写进时代的旋律。万重山，让布依人家的歌儿唱响在群峰的枝叶间。让游客，寻找网红鸟巢，住进去，看天际的太阳升起，等月牙儿升腾在肩侧。鸟巢旅馆的夜风边，没有喧嚣的笛鸣，远离城市的灯影，周身包裹着山野的宁静。

　　当鸟巢里的游客被山巅足球场的哨音和奔跑声惊醒，拉开窗，揉揉眼，又是清朗的一天晨起。蓝莓、桑葚、茶叶、枣子，眼底的一块块种植园，就在朝阳的晨晕里吞吐芬芳，诠释着一夜畅爽的森林康养。

　　万重山顶，风筝已经在飘飞。挎着相机的游客，蹲在游道边，镜头里或许只有几片叶、一朵花，或是一只蚂蚁，一滴挂在叶上的水滴。这已经足够了，不知道他或她，有没有错过日出，错过山巅的第一缕风。反观峰下山万重，何为第一缕？寨落晨炊聚拢的雾团，留恋着峰间的摇枝，枝下瓦面上轻吟着的小诗。

双乳峰孕育出的古城

　　1935年4月17日，长征中的红一方面军渡过北盘江，进入贞丰城。于是，大西门上粘贴上红军政治部、苏维埃银行的布告，明清一条街留下红军干部战士的草鞋印，两湖会馆飘散出简洁明快的《红军纪律歌》。

　　此前一天，红军才与北盘江对岸的布依首领签订了"弄染协定"，完成长征中与民族群众的第一次合作。此刻，进了贞丰城的细心红军干部，从居民口中得知贞丰古城原称"珉谷"，是布依族先民聚居的古集镇。明洪武年间，大量汉家客民进入珉谷，与布依人一起，发展出明清一条街，逐渐形成了广西行省边地上的多民族互融的通外商埠，繁荣一时。清雍正五年（1727）的"改土归流"，珉谷划归贵州，成为贞丰州城，管辖如今黔西南南盘江畔广袤土地；嘉庆二年（1797）年，在镇压了盘江地区布依人对层层压迫的大反抗后，朝廷改"永丰"为"贞丰"，延至今天。

来到兴义旅游，如果时间允许，国家3A级旅游景区贞丰古城是要去一趟的。计划从兴义到省城贵阳的游客，更得在顺道约115千米的高速公路拐下匝道，走进古城，寻一路明清古风，边城过往。

城门洞的甬道，把新城和老街分隔成内外。老城里，文昌宫的泮池里，鱼尾甩动着古旧记忆；两湖会馆的戏台，雕刻着关公长夜挑灯、翼德矛战孟起的千年故事；马二元帅府的板门，推出吱呀声，封锁着大清咸丰同治年间的金戈铁马、边城旧话……走上石板街，那些年的重柱青瓦、封火山墙擦肩而过，泛着包浆的屋脊升起、前檐挑瓜聆听脚步，沿街一排排繁忙的长条桌，预示着新媳妇就要进门，古城的旧古在亲朋的声声道贺里延续。

新婚预示着生命的又一轮更迭与交替，又一位母亲的诞生。贞丰人都知道，距离古城约10千米的国家4A级双乳峰旅游景区，塑造着女娲造人、孟母教子、岳母刺字3尊雕像，彰显母亲的伟大，述说着中华大地上千年的母亲文化。

曾经，双乳峰景区被短暂地改名为"双玉峰"，但贞丰人世世代代只知道家乡有地貌绝景、天下奇观"双乳峰"，对"双玉峰"之名难于接受。在社会各界呼吁下，恢复了本名"双乳峰"。

大地上的双乳，栩栩如生、形象逼真，在中国绝无仅有，世界上也未听闻有类似发现，不仅是世界第一，也是世界唯一。在地质学上，它们是喀斯特地形地貌的峰林绝品，鬼斧神工的自然造化。

有人说，这处景点女人看了脸红，男人看了心跳。而大山深处的布依人，却在心里把它们视为"圣母峰"。母亲的乳汁孕育着生命，大地母亲裸露着双乳，亘古骄傲，那么自然。贞丰古城，仿佛就是由双乳峰孕育而来，迎接着四海宾朋八方来客的朝拜。

每一年，各个季节，双乳峰下总停着旅行团大巴、自驾游汽车。总会有来自美、英、法等国的许多地质学家前来考察，亲眼目睹神峰。然后前往贞丰县另外的国家4A级旅游景区三岔河，感受高原湿地的风；到国家4A级旅游景区北盘江大峡谷，让视觉被雄壮的纯粹喀斯特冲击，感受大自然的另一种鬼斧神工。

双乳峰 王冬云/摄

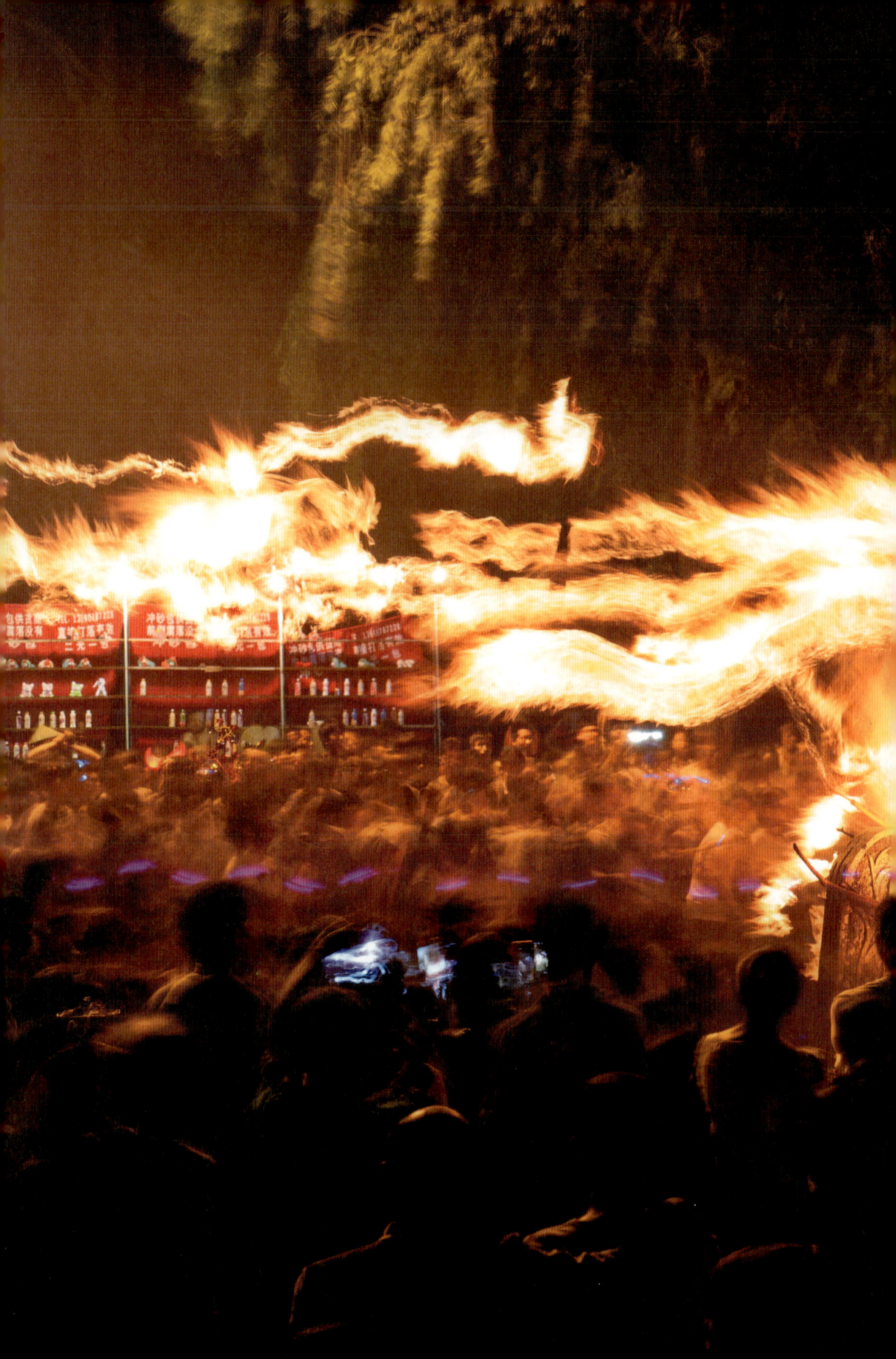

CHAPTER 12

团结和谐民族风

民族性是黔西南的独特气质,这里居住的汉、布依、苗、彝、回等民族早已不分你我,共享欢乐。

火龙舞动 吴明/摄

安平九寨布依节

安平九寨是兴义最著名的布依寨落，九寨群众有着共同的节日。如今，随着社会发展，特别是改革开放以来生产生活条件的快速变化和文化的丰富多元发展，安平九寨在文化和习俗上已经发生了一些变化，但其特有的民族文化和民族习俗依旧得以传承，主要表现在其民族节日的内涵之中。安平九寨分布在兴义市的万峰林街道、则戎镇里，许多传统寨落本身就是景区里的重要景点。前来黔西南游玩，了解一点这些村寨的节日，很有必要。

与汉族群众大杂居的安平九寨布依村民，历史上受到汉文化的很大影响，特别是中华人民共和国成立之后，民族团结唱响兴义大地，春节、端午、国庆、元旦等重要节日，已经在安平九寨

盛装过"了年"

形成了传统,许多节庆活动,既有汉族的文化体现,也有本民族的突出特色。除此之外,其他的布依节日,民族风情更加浓郁。

过年除夕、元宵,正月的最后一天,布依人家要过"了年",又称"小年",这一节日,预示着"年"彻底过完了,农耕人家开始为新一年的丰收做好准备。"了年"这一日,各家各户都要制作丰盛菜肴敬献给祖宗。因此,这一天的各地市场喧嚣热闹,到处是购物热潮。

农历三月初,农闲即将结束,繁忙的春种时节就要到来,"三月三"就成为了各地布依人狂欢的日子,并逐渐演变为隆重的布依节日。而在安平九寨,这一天家家户户均要打粑粑,采用黄色的面蒿花作为染料,将粑粑染成黄色。最有民族特色的是,9个寨落轮流在三月三时举办布依八音坐唱比赛。前来参赛的队伍实

喜迎"三月三" 万峰林街道办事处/供图

际远不止9个寨落，其他布依寨只要拉起八音队，也可报名参赛。游客遇到大赛，很快就会融入进去，欣赏不同风格的天籁之音，同时，还能够看到热烈惊险的布依高台狮子舞表演。

农耕文明，秋收是最重要的农事。秋收前的六月六，就成为布依族又一隆重的传统节日，乡民们在节日里游乐社交、祭神祭祖，有的还利用此机会商量制订乡规民约。安平九寨用竹叶包小粽粑，妇女们制作人马相连的剪纸，不漏掉家里的每一块田，两根小棒将纸人纸马插在田边，祈祷庄稼丰收，称为"献田谷"。

六月二十四，各家各户制作五色糯米饭，历史上还要杀牛祭山神。至1982年土地承包下户，杀牛习俗慢慢去除。

七月半，妇女儿童用金色、银色纸张折成元宝形状，入夜后至户外焚烧，献给祖宗及游魂野鬼。

八月十五，布依族不似汉族群众吃月饼。这一日，各家各户打粑粑，至夜，将打好的粑粑、水果等放置院落里的桌上，称为"献月亮"。

九月重阳时得做两件事，一是打粑粑，二是做甜酒，为制作"重阳酒"。有"重阳不打粑，媳妇不坐家"之说。

十月，秋收过后打粑粑喂食家中耕牛，喻示生产结束，犒劳耕牛，希望耕牛来年依然顺利生产，被称为"十月敬"。近年，喂养耕牛的人家少了，但还保留下打粑粑的习俗。

农耕味十足的节日，继承了布依族群众历史上自然崇拜、祖先崇拜等本民族信仰，慢慢转化为向游客展示地方民族风情的节庆活动。

查白歌节

东出兴义城，仅10余千米有顶效镇查白村，有汕昆高速、顶兴公路等多条道路连接。每年农历六月二十一至二十三，村里要举办歌节。

查白歌节不仅仅是查白村的节日，更是中国布依族的重大节日。由于歌节历史源远流长、影响面广，"布依查白歌节"入列《中国节日志》一书。

歌节源于布依族口传民间故事《查郎与白妹》。相传很早以前，南盘江畔虎场坝上的猎户之子查郎和布依女儿白妹青梅竹马、形影不离，长大后私订终身。寨中却出现了虎怪，它叼走牲畜、抢走娃娃，四里八乡人人自危。查郎组织起全寨后生，将虎怪杀死，请全寨的老少吃虎肉、喝虎汤。

吊脚楼家布依女孩 张霆/摄

白妹越长越标致，被寨中财主盯上，扬言七月二十八把她娶回家。面对逼婚，白妹与查郎商量好提前成亲。财主得知，派家丁用箭射伤查郎，抢白妹回家。之后，查郎与众兄弟虽然救回白妹，查郎却因箭伤未愈体力不支，被财主抓住，捆在一棵大糖梨树上杀害。白妹痛不欲生，回家拜别父母趁着天黑返回财主家大院，在柴堆上放了一把火，火越烧越旺，财主闻讯赶来。此时整个庄子即将化成灰烬，白妹纵身跃入火中，为爱殉情。

　　为了纪念查郎、白妹，每年六月二十一，乡民就在虎场坝架起汤锅，招待来自四面八方的亲朋好友，三天三夜柴火不熄，纪念查郎、白妹的情歌不断。逐渐，虎场坝变成了情歌场，乡民干脆把地名也改为"查白"，把一年一度的歌节称为"查白场"。如今，农历六月二十一，是查郎打虎请吃虎肉汤的日子，还是查郎遇害白妹殉情的时间，已经没老乡说得清楚，歌节却年复一年热火朝天。

　　每到查白歌节前一两天，南边及云南、广西的布依群众就向查白场进发。到了歌节正式开始这一天，兴义其他兄弟民族群众也纷纷驾车前往，除了听赛歌，还要喝查白泉的水，期盼自己也能拥有坚贞的爱情。

　　节前，查白老乡都要收拾家中衣服、被帐拆洗，象征白云缭绕，取意干干净净，清清白白。虎肉是没有了，节日里，各处猪肉、狗肉汤锅边，查白主人还端来五色糯米饭、冤枉坨等族中美食，迎接着外来亲朋，让幸福欢乐扬洒。

　　这一天，村民要请族中摩公、端公主持祭祀活动，中老年人在古榕下用古歌唱查白，祭祀查郎、白妹，传承不老故事。盛装

团结和谐民族风

的青年男女，还要到查白桥、查白河、松林坡、查白洞、查白井等传统风物景点，吹木叶、抛花包、浪哨交友，邂逅爱情。

夜不眠，各家各户聚满亲友，把歌唱到星起唱到黎明，把酒喝进子夜喝过通宵。欢聚到二十三日，擦出了爱情火花的小伙、姑娘，依依不舍，传统中是互送信物，如今就是互换联系方式了。

节日的主要活动当然是赛歌，自认为能歌者轮番上场，有的一两曲就被比下，有的坚持一炷香时间或个把时辰，输赢不重要，都是欢乐。

歌场上，数万各族群众欢聚，人头攒动中时时爆发出喝彩连连，正是民族和谐共写华章的团结注脚、时代声音。

查白歌节八音坐唱表演 韦堂敏／摄

热气腾腾的鲁毗彝家火把节

兴义市鲁布格镇中寨村鲁毗组，是一个彝家群众聚居的寨落。每年农历六月二十四，来自云贵两省交界的彝族群众和其他各兄弟民族群众就向这里聚拢，亲身体验热火朝天的彝家火把节。

在兴义，彝族的历史源远流长，可以追溯到古夜郎时期。至唐宋，彝家先民成为掌控如今贵州西部的主体民族。入元，回族先民、布依先民和部分汉族群众陆续进入如今的黔西南地区，民族变迁、民族融合的故事不断上演。

清顺治十六年（1659），平西王吴三桂攻下云南，消灭曾经驻扎黔西南安龙县4年的南明永历政权，顺治帝令吴三桂驻镇云南，明永乐十一年（1413）贵州建省后，向为云南附属省份，也在吴三桂掌控之中，他可谓权势滔天。然而，吴三桂深知鸟尽弓藏、兔死狗烹的封建统治典故，于是向经略洪承畴请教自固之策，洪承畴的"不可使滇一日无事也！"短短9个字，让包括黔西南在内的云贵地区祸灾四起，彝家先民深受其害。

顺治十七年八月二十八日，吴三桂向朝廷奏言："贵州水西土司安坤久蓄异谋，近闻刑牲祭鬼，将为不轨。又马乃（地属今黔西南兴仁市）土目龙吉兆兄弟，私受李定国伪敕，缮器称兵，逆形已彰……"于是，一场残酷的镇压发生在盘江畔，波及如今的黔西南全境。这一时期有大量的彝家先民四出逃亡，迁出了曾经掌控的黔西南广袤地区。

然而，还是有一部分彝族群众留在了当地，守护着民族的印记，就如鲁毗的火把节，截至2023年，已经举办到第19届。

团结和谐民族风

点燃篝火 吴明/摄

入夜，火把节往往是在舞蹈《阿妹戚托》的欢快旋律中拉开帷幕。在神圣的祭火仪式后，篝火便掀起狂欢。各兄弟民族群众加入进来，围着熊熊篝火，在彝族同胞的带领下踏歌起舞，欢庆民族大团结的盛世，鲁毗彝寨，除了欢乐，还是欢乐。远离愁苦甚至是无比伤痛，各族群众在歌与舞的波涛里感恩时代。

鲁布格是彝语，"格"是"城""镇"的意思，证明这里曾经是彝家先民聚居的地方。彝家聚落，大多传承着源于彝家先民对火的原始崇拜而诞生的火把节。火热的火把节，让这里成为贵州省第一批少数民族特色村寨。这里不但有火把节，还有美不胜收的云湖山。

云湖山风景区位于兴义城西南，西接云南罗平县，南与广西西林县毗邻，距鲁毗火把节场地也就10余千米距离。这里是三省交界闻名遐迩的看日出、观云海的绝佳之地。日出、云海太过艳丽，云湖山被列入"兴义国家地质公园"的8大景区之一，也入列了1990年就批准公布的"贵州省第二批省级风景区"。

黄泥河峡谷，是云贵交界断块山崖、雄壮峡谷的经典。山崖下，不知谁人在岩壁上刻凿了"鹞鹰难越，猿猴难攀"的摩崖。如此环境，云湖山的云海就在脚下了。脚下翻滚的云，如波似浪，努力刺透它们的点点峰头，仿佛每一座都住隐居着参悟的仙或神。清晨，天边透出光晕，接引出朝阳，雾海也坚持着涌动，直至太阳完全翻过山巅，把温暖全部洒下。

即将要到兴义的游客，记住鲁布格的火把节时间吧，也把云湖山的云山雾海记下。去一趟，不仅是为了打卡，更是可以体验如入仙境之感。

三堂文化的传承

前往兴义旅游的客人,细心的都会发现一个民间特色,无论城乡,无论民族,兴义人家的堂屋里,都挂着"天地国亲师"的中堂神位。这不是迷信,而是各兄弟民族对优秀汉文化的认可和传承。

除夕年夜饭前,敬了神位,许多老人会让家中晚辈在神位下讲一讲今年所做的事。例如,外出打工的儿子有没有取得什么成绩?留在家中的儿媳有没有做好农业生产?中学小学的孙子有没有尊敬老师努力学习?然后再表个态,来年更加努力,事业学业更上一层楼。源于汉文化的中堂文化,在布依、苗家、彝家得到传承的同时,发挥着良好的生活促进作用。

中堂文化在兴义被各民族群众认可,就算是城里人搬新房,也得首先选好时间,把"天地国亲师"的神位放进新家,才算完成了搬家仪式。大家心中,"天"即天道、道理,敬奉"天"就是要尊崇自然规律、科学道理、人伦道德,就是要持之以恒守正笃行;"地"承万物,提供给人类生活的一切,天地相连,大自然给予了人类一切。因此,人类理应敬天法地;有"国"才有家,中国共产党和全国各族人民组成了国家,党和人民就是国;"亲"就是通过祭祀历代先祖,孝亲顺长,传承他们忠信传家、宽厚待人、勤俭持家的美好传统品德;"师"包括教育之师、授业恩师,一切对我们有帮助的老师,敬奉他们而表达尊师重教的感恩情怀。

还有中堂神位下的土地神位,一般写着"土中生白玉、地内生黄金""土能生万物、地可发千祥"等内容,说明广大人民群

兴义市乌沙镇普梯村布依群众的中堂 罗松/摄

众在长期农耕文明中树立了"天道酬勤"的价值认同。在新时代,就是勤劳致富、勤俭持家。

兴义各民族兄弟就是这样纯朴,还把中堂文化创作成小品、小戏,深受各地各族群众喜爱。

各族人民对优秀文化的传承,不仅仅有中堂。当游客走进包括安平九寨在内的村村寨寨,不时就会碰到一座座祠堂。千万不要认为这只是家族聚会、祭祀的地方。许多祠堂的石柱楹联、建祠功德碑上,清清楚楚镌刻着始建祠堂的目的,是为了寨中子弟能够念书识字,长本事有出息。祭祀只在年节,祠堂主要承担着学堂的功能,过去,曾经为民国初期贵州著名的兴义系军政集团输送大量各族人才。

兴建祠堂，开办学校的同时，各村各寨逐渐形成了乡贤文化，例如兴义各景区中，历史上就有岑明英、吴炯心等一大批布依先贤。在他们的影响下，兴义的教育事业一直良好发展。如今，每年被国防科技大学等高等学府招收的学子数不胜数，边远的小城，每年仅进入清华、北大的学生就达到二三十名。长久以来，兴义教育之名，响彻贵州全省。

学堂、祠堂、中堂，在兴义群众心中扎下了根，去其糟粕，取其精华，各族群众传承着中华优秀传统文化。三堂文化，在兴义乃至整个黔西南，是铸牢中华民族共同体意识的集体认同。

游客朋友来到兴义，当你走进一家饭店，墙上挂着中堂神位，可以体会一下它的意义。如果游客带着孩子，碰到了乡间祠堂，可以花点时间跟孩子一起辨认一下建祠碑记，一起感受一下中华优秀传统文化。

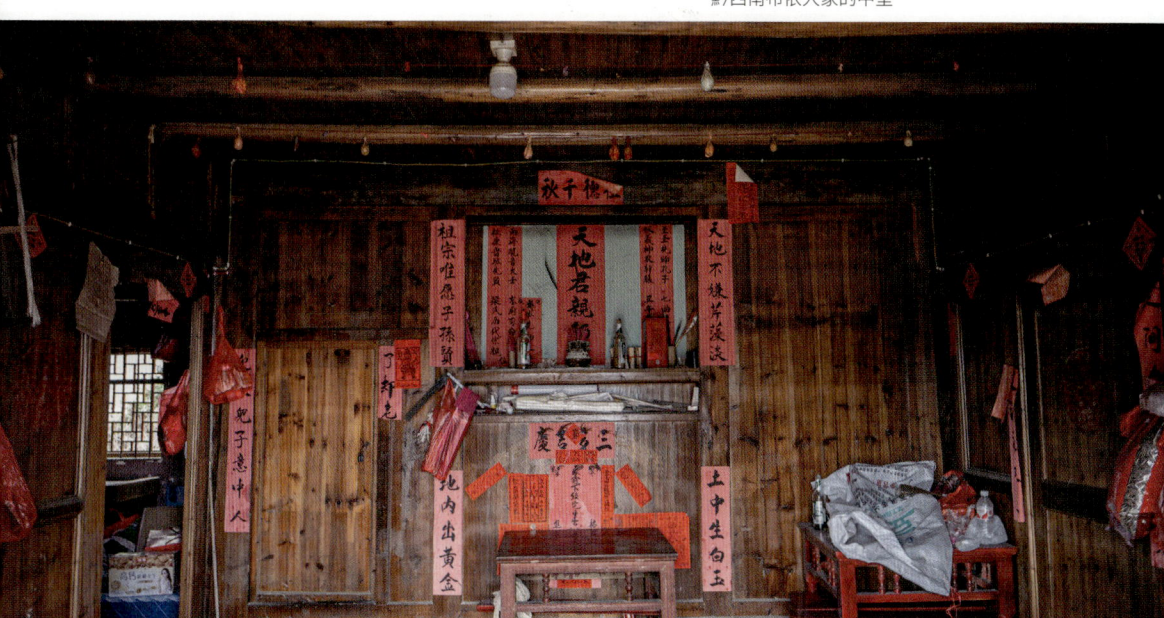

黔西南布依人家的中堂

■ 带一本书去黔西南

贞丰苗家"走亲节"

　　农历二月初二，俗称龙抬头，预示着春耕农事即将来临，是中华民族民间重要的传统节日。在黔西南州贞丰县的苗家寨里，却把二月二过成了地不分南北、人不分民族的走亲节。搭桥祭桥、送子送福、送蛋送新娘、走亲送工具等习俗，把一年的幸福美满，浓缩进一天的日出日落，星月满天。

　　二月二，孩童们早已迫不及待。早餐吃过，母亲用棉线织网兜装的一串鸡蛋背到了背上，结群伴伙寨里寨外游玩。还没有"坐夫家"的出嫁女儿，由家中兄、弟约上五七好友，带上红鸡蛋，一早就把姐、妹送到丈夫家，小住几天再由母亲约上几个闺蜜接回家来。小孩体弱或是求子人家，则会带上煮鸡蛋、花糯米饭、香、纸，用剪纸裹上竹篾，到沟坎上搭上小桥，摆好物品，焚香

走亲节的欢乐　王冬云／摄

走亲节盛况 王冬云/摄

燃纸，寓意送钱送米、迎儿接女、小孩安康。这天的外婆也不闲着，邀请上几个寨邻，打着红纸伞背着红鸡蛋，把一架纺车送到已出嫁的女儿家，以示让女儿勤俭持家、平安长寿。

男女老少的欢乐在传统走亲习俗里升腾。按部就班走了亲，集体的歌舞、刺绣、走秀、对歌、编花带、撞屁秋、打花脸、拍手毽、盛装巡游、篝火晚会，走亲节的高潮一浪推着一浪，层层叠叠在春天里。

贞丰县苗家走亲节，欢乐的不只是成千上万的海内外苗家，为了与各兄弟民族共同欢庆，国家 4A 级旅游景区三岔河成为了展示欢庆走亲节的固定场所。每年二月二，盛装的苗家青年，把同样盛装前来庆贺的汉家、布依、彝家等各地好友，夹道迎进热烈的转场舞场，让狂欢在"穿越千万年，本是同根生，我们都是一家人，一起相约来走亲"的歌声里拉开帷幕。

小河畔，搭建起了盛装走秀舞台。芦笙吹起，律动的舞者时而摇首顿足，时而随韵闭目；那笙曲，时而高亢刺破云霄，时而婉约，荡漾出心底涟漪。

历史上的千年迁徙，让苗家成为把财富穿戴在身上的民族。跟随着芦笙韵律登上舞台的省内外苗家盛装少女，一身银饰碰撞出春天的清脆，配上大红苗的红裳一袭、喇叭苗的长袖宽衣、小花苗的刺绣披肩……走秀的步点，自然也揉入布依姑娘的盛装、彝家美女的风情。眩目的民族风，让舍不得停下按动相机快门的游客沉醉，高呼"这才是属于中国的奢侈品"！

苗家少年，把千百年攀山逐兽的狩猎激情展现得淋漓尽致。"撞屁秋"，就是男女并肩跳舞的游戏，互相撞击臀部的一侧，诠释着苗家生活的动感，勇敢民族的力量。苗家少男少女们尽情释放着畅快，让盛装巡游更加牵动游客加入进来的心情。

篝火燃起，三岔河的夜空热浪升腾，转场舞步跟火焰一样热烈，让以"越走心越亲"为文化内涵的走亲节成为黔西南盛大的民族节日之一。二月二的欢聚，手牵着手，心连着心，走亲节的欢歌，唱出了千年苗家的盛世音韵，唱出了中华民族一家亲。

望谟布依"三月三"

桃李花开三月三，啸声吹暖碧云涵。女寻男去男寻女，一曲蛮歌意太憨。清道光贡生黄晋明的一首竹枝词，把望谟县三月三的场景描绘得意趣横生。

团结和谐民族风

农历三月初三，是布依族群众的重要节日。布依语称"三月三"为"香尚"。传说古时有一年三月初三这天，山神出生，随着把蚊蝇、蝗虫、蚂蚱等害虫放出来，危害庄稼、人畜。后来，每到三月三，布依村寨都要举行"扫寨驱邪""祭祀山神"等活动，以求寨子安宁、五谷丰登、人畜兴旺。

黔西南州望谟县，布依族人口达到全县总人口的63.8%，是全国布依族群众最多的县。我国现行的布依文，即是1985年以布依群众较为集中、语音较有代表性的望谟县复兴镇布依话为基础的文字拟定。每至节日到来，望谟县城、桑郎镇、新屯街道新屯村等城镇、乡村，到处都有节庆活动，已经发展成为全州各地各民族群众按时奔赴的盛大节日。这一天，游客在望谟，能够从社会、民族、文化、民俗等多角度领略原生态的布依传统文化魅力。

"三月三"欢歌 王冬云／摄

■ 带一本书去黔西南

　　时代在发展，生活方式在变化，搓麻、纺线、织布、绣花，自制盛装的传统手工技艺已经不能够满足节日盛况的需要。临近"三月三"，婆婆带着孙子、女孩牵着男友走上街，望谟县各家民族服饰企业就迎来生产销售旺季，传统的节日带动了民族企业的有效发展。临近"三月三"，转场舞蹈的练习挤满了中小学生的课间、课余，孩子们在预备融入节庆的欢乐海洋里去。临近"三月三"，黔西南州内外其他各县市的摄影爱好者呼朋约友，预约着捕捉精彩瞬间的行程……"三月三"不只是望谟县的盛典，也不只是布依人的狂欢。

　　布依族是崇拜自然的民族，敬畏天地，感恩大地母亲赐予的一切生存所需，"三月三"少不了感恩祭祀大典。大典庄重而肃穆，盛装布依人自动站立在通往寨外高坡或山麓祭台的山路两旁，

"三月三"水中拔河 谢兴/摄

布依高台舞狮 兴义市非遗办 / 供图

卫护着抬了各色祭品前往祭台的一波波人流，把对自然的尊敬铺满节庆的道路。德高望重的摩公唱起祈福的布依古歌，大典无比庄严肃穆。

祭祀完毕，欢乐开始漫延，传承天籁古韵的古歌展唱，展示民族瑰宝的锦绣布依民族服饰梯田走秀，传递爱情的糠包抛掷，簇拥美好未来的盛装巡游……舞动的五彩斑斓，绚烂的民族风。

"三月三"的时节，一般都是蓝天白云，春日气爽。转场舞的热浪边，孩子们追逐着布依狮舞得憨态可掬，等待着五色糯米饭的香气扑鼻。

许多地方，节日的热烈从岸上浸进河水里，创造一家幸福的双臂，拽紧拔河的绳索，展示布依儿郎的团结和力量。助战青年的水盆，舀出河水，抛洒祝福一般抛洒到拔河比赛角力双方的头顶、全身。欢乐在荡漾，安宁盛世收获幸福的战场。

册亨布依族"开秧节"

黔西南的珍贵历史文物，就有汉代的水塘稻田模型。布依语里"纳"是水田的意思，在黔西南，带"纳"字的地名众多，比如兴义市的"纳灰"、安龙县的"纳桃"、望谟县的"纳亮"、册亨县的"纳岩"等。这些地名，均与布依语的水田有关。布依族，就是传统的水稻民族，农耕文明贯穿了民族的历史。

崇尚自然的布依族，祭山祭水，祭石祭树，自然也要祭与生存繁衍息息相关的稻田。在黔西南，与稻田、秧苗有关的布依节

团结和谐民族风

日有许多，例如之前介绍的兴义安平九寨的"六月六，献田谷"，还有兴义泥凼镇一带农历五月末的布依族"秧苗节"。在黔西南册亨县，每年农历四月初的"开秧节"，同样热闹非凡，情趣连连。

在安龙县、册亨县之间，一条313省道将两座县城相连，无论从安龙县城还是册亨县城出发，距离都不到20千米，都能够到达册亨县的冗渡镇威旁村三家寨。这座布依村寨，数百年来，传承着农历四月初八的传统节日"开秧门"。

顾名思义，"开秧门"即每年春后的第一次插秧时间。为了表达对大自然的恩赐，也为了祈求风调雨顺、粮食丰收，当地布依群众要举行隆重的祭祀活动。

寨中老人口口相传，旧时，四月初八到来，寨中各家各户只是备齐酒菜，端到田头，焚香燃烛，祈求上苍、田神眷顾乡民，保佑四时无灾稻熟无病秋日丰收。如今，农村生活水平不断提升，

田间蜈蚣龙　王冬云/摄

乡民早把简单朴素的"开秧门"习俗提升为村组举办的民俗节日"开秧节"。

因为内容丰富的民俗活动,一年一度的三家寨开秧节远近闻名。每当节日来临,远近各寨的数千名群众纷至沓来,甚至黔西南、黔南各县市的猎奇者慕名而来。

节日当天,祭田活动必不可少。祭完稻田,二十余名小伙布衣棕裤,腰系红绸,头顶棕叶编连而成的蜈蚣龙,在田坝间的机

耙田好插秧　王冬云／摄

耕道、田埂上踏步舞动。二十余人组成的龙长达六七丈，像极一支蠕动前行的巨大百足蜈蚣。龙尾紧跟乐手一群，敲锣打鼓，紧随着蜈蚣龙奔向迎接他们的长须寨老、盛装少女。

庄稼汉犁地耙田喝便宕酒，农家女织布绣花唱布依歌是布依人家的日常。一块大田边，数十寨民蓑衣斗笠长裤卷起，牛挂枷担掌执耙犁，待蜈蚣龙游过，人挥鞭牛奋蹄，耕田耙地吆喝阵起。青峰下，寨落边，乡民与游客共同沉浸进农耕文明的画卷。

水田边，待插的秧苗绿油油，插秧能手并不着急。犁地耙田

之后，腰系鱼篓的青年、小孩早已冲进水田，赤足追逐肥美的鱼儿，听着田埂边的欢声笑语，只顾伸手摸鱼，哪管浑身沾泥。田埂上打着花伞的布依少女笑眯眯，眼神不经意地略显慌张，她自己才知道盯着哪一位捉鱼的少年郎。

田家何待春禽劝，一朝早起一年饭。插秧掀起节日的高潮，老人、妇女、姑娘们卷裤腿撸袖襟成排下田，肩带臂，臂使掌，手指小鸡啄米般把秧苗插进田里。一排勤劳的人边插边退，就像移动着的风景，而插过的秧田，新苗露头，水映嫩绿，纯粹的乡村气息，绝美的田园画卷。

布依婚礼展民俗

历史上，布依族青年男女喜结连理，虽然有父母之命媒妁之言，但也不乏许多自由恋爱的结果。贡生黄晋明诗里的"女寻男来男寻女"，即指青年男女在节日欢聚里寻找自己的心上人。如今，父母之命已经几乎绝迹，媒妁之言也是偶然为之，传统的一些婚姻习俗却传了下来。

恋爱的男女确定了婚姻关系，婚礼之前男方是要"烧香"的。不但结婚的日子，布依人家订婚也要请族中摩公或先生卜算吉日。到那一日，男方众多亲友在摩公或先生率领下，按照传统到女方家中提亲。提亲队伍，青年们两两配对，抬几张横长形的大木托盘。托盘之中，摆放现金、全套衣裤、红糖、猪蹄膀、香蜡纸烛等物件，每一样都是双数，用红纸条缠绕。女方家则备好美酒佳看，邀请亲朋好友在家中等候，招待男方一行。订婚仪式中，由摩公或先生卜算成亲的大喜日子。婚俗中这一程序，称为"烧香"。传统的卜算，摩公或先生往往还要看鸡骨，预测男女双方是否婚姻美满、如何避祸纳福、接亲吉日是在哪一天等，称为"鸡卦"。

男方"烧香"队伍到来之前，女方长辈早已在一张八仙桌上摆放好满当当八碗酒，等待男方摩公或是先生"取庚书"。女方"庚书"就压在其中一个酒碗下。取"庚书"的人，每端一次酒碗，就得把酒饮尽，直到"庚书"出现。运气如果差到极点，就得将八碗酒都喝下去。有经验的人，喝下一两碗酒，往往会假装酒醉把持不住掌中酒碗，让半碗酒泼洒桌面，浸出"庚书"红纸的染

布依婚礼

红,早些准确找出"庚书",少喝几碗酒。此时,定是满堂喝彩。

婚期之日,双方所邀宾朋彻夜不眠。男方家的接亲队伍,得在天明之前赶到新娘家,接出新娘发亲出门。

男方接亲队伍很不容易。布依人家规矩,女儿出嫁将在接亲队伍途经之道设置数道拦路酒,每道三件葫芦瓢或是其他器皿,都能盛上四五斤便宕酒,称之为"酒海"。三只酒海里的十多斤便宕酒,男方接亲队伍里的人喝完后才能继续往下一道拦路酒进发。便宕酒虽然是布依人家自酿,度数不高,但数道拦路,数十斤酒,男方也必须请得一二十个酒量大的精壮青年,才能走进新娘家。

菜花迎新 张霆 / 摄

女方家早已支起炉灶，为迎亲队伍烫来米粉。待新娘拜过父母和家中长辈，由新娘的弟弟或堂弟把新娘脚不沾地背上喜轿，发亲出门。嫁妆，也随着男方接亲队伍带来的驮马一同出发。

新娘花轿到来，新郎家里八音乐队顿时琴鼓齐奏，用一曲无比热烈的"贺喜堂"祝福新人和主家。

盛装新娘下轿，在接亲姑娘和送亲姑娘搀扶下，迅速从旺焰火盆上跨过，将沿途带来的邪气尽数熏散，预示着婚后的日子红红火火。

新娘跨完火盆，小伙子们直奔送亲队伍的马驮，将新被、床单、蚊帐、枕头等物件搜了出来抛至地上，许多已婚的中青年男女和小孩跳上去抓扯、打闹。老人和还未出嫁的姑娘则在一旁加油助威。打打闹闹后，新婚夫妇就能和睦相处、白头偕老。

打闹结束，新娘拜公婆。送亲亲朋则被男方亲朋、乡邻请上各张席桌，大碗倒酒，盛情款待。鼓乐师傅们自坐一桌，不时来上一段喜乐，烘托喜庆气氛。

时代飞速发展，如今的城镇里，基本上碰不到这样的婚礼了。来到黔西南乡间，游客若是有幸遇到，追着迎亲队伍拍几张照片，蛮好。

接亲路上 张霆/摄

新郎迎亲到家 张霆/摄

团结和谐民族风

拦路酒 张霆 / 摄

CHAPTER 13
▍可以带回家的物产

兴义，能够带回家的物产太多，等着游客自己来找寻。

花糯米饭

百万年的茶故事

1980年，在黔西南州晴隆县与普安县交界处，科研人员在碧痕镇新庄云头大山发现了一颗茶籽化石，经中国科学院地化所和中国科学院南京地质古生物研究所鉴定，距今至少100万年，是世界上迄今为止发现最古老的茶籽化石，也是世界上唯一的一颗茶籽化石。

黔西南茶叶的主打产品是"普安红"，销售店铺遍兴义。普安红主要产自普安县、晴隆县。云贵高原的云蒸霞蔚，乌蒙大山的早早春回，让普安县夺得"黔茶第一采"的先机。普安红之前是布依人的先祖所创的"福娘茶"，至今已有六百多年历史。据《夜郎风物生·濮越篇》记载："每岁清明、山野间茶树嫩蕊抽发，清香满野，濮人遣女入山摘茶，以秘法酿制成，曰福娘茶，将作礼客之至物，其茶香异于常，烹煮时香风溢野，饮之使人熏然欲醉如梦至南柯耳。"

慢慢地，茶叶采摘、炒制，从布依人家传遍了苗、汉等寨。每年初春，茶山有歌："天上雨茫茫，落在古茶叶子上。你爹妈会养也会抚，抚你从小进学堂。手儿细嫩写字行对行，会讲会辩出口就成章。有哪一天啊，修得姻缘在，你我才会配成双！"

云团翻滚在茶山坡下，一坡碧绿间，沿坡错落着一片片丈余高的古茶树，苗家女儿右襟蓝衫，腰系竹篓，采茶欢歌。姑娘们头包白帕，长辫绕着帕面，辫上还插红花一朵，个个娇艳。她们那蓝衫的领口、襟边、宽袖上，精巧刺绣主调红色，鲜艳净爽。布依茶山也一样，"妹妹采茶上坡坡，木叶声响喊哪个？妹在坡

黔茶第一采 谢兴/摄

兴义七舍纸厂古茶树 罗德江/摄

顶掐叶子，哥哥有话尽管说"的歌声百灵鸟一般，穿云破雾。脚下云、莽林涛、古茶林……歌透枝叶，云上茶花，仙子采茶！

除了出产普安红的县，兴义市七舍镇也是出好茶的地方。而且，这里也有一片树龄超过600年的古茶树，位于七舍镇革上村纸厂中厂组，大明洪武年间迁至该地的村民，除了造纸，还同时种上茶树。走进寨边茶林，200多棵古茶成林，政府挂牌保护154棵，胸径最大者达60厘米，最高达12米，冠幅最大达30平方米。目前，部分茶叶科研专家、制茶名师及茶商，均对七舍古茶树极为关注，并每年追踪考察，进行各项生物指标测定。

兴义市还有一种小叶苦丁茶，出产于南盘江边的泥凼镇一带。

茶叶细小，长不过指甲盖，泡出的茶叶青汤绿，透过玻璃杯，让人感觉如诗如画，因此得名"青山绿水"。小叶苦丁清火解热效果极佳，是不少兴义群众消暑的最爱。兴义城里，有多家销售"青山绿水"的茶铺。

在黔西南各地，古茶树常青，新茶苗年年栽种。初春时节开始，各地茶商云集茶山，抢购新茶。来得晚了，只得把遗憾带走。茶叶已经列入黔西南各地脱贫攻坚、乡村振兴的重要产业，仅普安一县就有七千余户近三万茶农，每到采茶时节，山巅采茶，云上欢歌。

林下菌药间的石斛花

在兴义，驾车外出，乡间公路边，小孩手握一朵鸡枞，拖着鼻涕，一脸兴奋。那一朵鸡枞，即将变为他一个星期的零花钱。鸡枞菌，被称为菌中之王，至今人工培养不出，是兴义的特产之一。由于每年仅七八月份冒出地面，能够吃到就更不容易了。因此，兴义人有收购鸡枞用菜籽油炸制鸡枞油的习惯。以鸡枞油为作料，煮出来的面条香味扑鼻，是味觉上极大的享受。

鸡枞菌十分神奇，树林中、草丛里，到了时节，相同的地方几乎年年都会生长。那块小小的林地、草丛，就成了小男孩魂牵梦萦的地方。小小鸡枞，陪伴着他成长，陪伴着他把梦伸向远方。

游客赶上季节，去点一碗鸡枞汤吧，从野生菌里吃出散养鸡汤的味道。错过了季节也没关系，找到兴义的鸡枞面馆，吃完香

假期里找到鸡枞菌在路边售卖的姐弟 周定武／摄

喷喷的面条，带走一罐鸡枞油，带走意犹未尽的兴义味道。

良好的生态气候，让兴义及周边各县成为食用菌种植的良好基地，除了打柴山的灰树花，黑木耳、羊肚菌、赤松茸、香菇等，成为各族群众增收致富的农特产品。兴义城里，还有不少主打菌类食材的火锅店。

菌子喜爱林下的环境，因此菌类种植基地被称为林下菌药基地。林中树木也没有闲着，被种上仙草石斛，到了季节，游人就会看到美丽的石斛花，品尝到石斛花茶。

石斛可以种植在石头上，吸收日月精华，原生态的山风和露珠成为滋养它们的天然养料。兴义的喀斯特地貌极为明显，许多地方，是种苞谷还得先挑土填满石窝、石坑的地方。种不好粮食的石山，被一家家公司流转，农户得到实实在在的增收。石山主人还能够在种植基地务工，挥洒汗水带来丰收，完成了公司要求的产量，多产出的石斛，个人拥有。于是，石斛被摆放进市场。

在万峰林等旅游景区，就有石斛种植基地。游走在景区里，村村寨寨的乡场上、路边摊、背篼市场，老人守在小摊边，脸上的皱纹刻痕或宁静悠然，或飞扬进欢笑里去，让人感觉到他们与身边阳光下的古榕一样健硕与苍劲。穿过榕枝榕叶的缕缕阳光，照射到他们的小摊簸箕上，精心分捆的石斛新鲜欲滴。

买不买都没有关系，老人们会津津有味回答游客新奇的问题。他们的嘴里，或许是语速较快的家乡话，或许是很别扭的普通话，

榕树上种植的石斛

皱纹里的笑容总是不会隐退些许。也许，石斛疏清虚热、补益脾胃、强壮筋骨的功能他们不能介绍完整，适宜于阴伤津亏、口干烦渴、食少干呕者食用的特点也不能表达得十分清晰，但游客感受到了真诚、质朴的热情。

就像下纳灰村更好街长廊立柱上挂着的一副对联"老爷爷闲来无事田埂上晒太阳，小娃儿忙里偷欢小河边捉泥鳅"。榕树下、古桥边，老人们守着他们的小摊晒太阳，等着向游客介绍家乡，闲话乡韵，畅享幸福，陪着游客把美好时光拖进落日黄昏里去。

从古方红糖到花糯米饭

南盘江边，气候温暖，冬天也感觉不到凉意，适合甘蔗生长。曾经，黔西南各县市都建设了糖厂，生产红糖、白砂糖，是当年重要的经济支柱之一。随着时代的发展，各兄弟民族聚居的兴义，糖厂产生的效益被丰富的其他各类产业超过，但按照古方制作的红糖异军突起，受到各方游客的青睐。

曾经的江风，把甘蔗的巅叶吹得哗啦啦抖动。勤劳的沿江人民挥舞砍刀，把甘蔗堆成小山；收割完了，用骡马一驮一驮地驮到早已安放好的木榨边。传统的木榨，是由几块方木紧紧夹着两块带齿轮的圆木制作而成的榨轮，两轮上部齿轮，下部圆柱，挨得极近形成窄窄的榨口，其中一轮顶部装上木推杆，把老牛的枷担等挂装好，随着牛蹄迈开，圆木齿轮相咬，两边榨轮滚动起来。布依阿姨把甘蔗平送进两轮榨口，轮壁相夹，甘蔗汁就源源不断

可以带回家的物产

古方红糖 黔西南州文旅集团/供图

布依族五色糯米饭 谢兴/摄

地流淌进榨轮下部早已安放好的大铁锅。老牛的步点不紧不慢，撵牛的鞭轻轻扬，布依头帕随着甘蔗的取放摇晃，一幅民族风十足的画面，不经意间就镶嵌进南盘江边。

熬糖不是一两天就能够完成的工作，搬运甘蔗汁、山泉水，铺应糖框、糖席，加柴旺水、控制火候，搅拌锅中熬汁、控制出锅浓度、汁成起锅、装框铺席。每一道环节，都是年复一年积累的经验，年复一年的江边生活。

淳朴的布依人没有想到，延续至今的古方，就是最真实的原生态，深受城乡居民喜爱。有的糖厂将制糖工具略加修改，严格按照古方红糖的制作工艺，创新出各种熬汁模具，保证味道不变的同时，极大提高了古方红糖的产量和视觉美感，但加快生产还是满足不了市场。

用古方红糖化一碗浓汁，烤熟黔西南特产饵块粑，热气腾腾的饵块粑伸进碗里，用眼就能够看到甜蜜。

布依人家的年节特色美食，除了饵块粑蘸古方红糖汁，吸引味觉的还有花糯米饭。

前面介绍兴义城边的营上古寨时，讲述了花糯米饭的故事来历。之前，花糯米饭用于布依人的六月六祭祀，因其色泽美丽，味道清香，如今已摆上了平时的餐桌，旅游商品店铺的货架。

花糯米饭黑黄红紫鲜艳至极，游客第一次看到，或许会有安全卫生方面的担心。当从热心的布依大姐口里得知，千百年来，布依人家就用染饭花、紫叶、枫香叶等纯天然植物的汁液作为染料，将糯米染成五种颜色后上蒸熟，即成五彩斑斓喜气四溢的花糯米饭，这才知道这是最天然生态的特色美食。它可蒸热吃，也可凉食，蘸上一点古方红糖磨细的面粒，或是熬制的糖汁，无比甜蜜。

如今，古方红糖畅销到四面八方，花糯米饭也被聪明的布依阿姨制成真空包装产品，游客带回家去，蒸一蒸，就能把漂亮又可口的美食端上餐桌。

清真牛干巴与干果、水果

南宋宝祐元年（1253）秋，元世祖忽必烈率领十万大军从宁夏六盘山出发，南进攻灭大理国，之后东进先灭兴义所在的自杞国，继攻灭南宋。蒙元十万铁骑中，有历史上赫赫有名的"探马赤军"，由穆斯林先民组成。自此，回族先民进入如今的兴义地区。

明洪武十四年（1381），中央政权"调北征南"统一云贵，大军副将蓝玉、沐英等人均为回族先民，其中沐英曾驻兵安隆峒（今安龙县），部分回族先民由此定居。在朱元璋屯军戍边"调北填南"时，又有部分回族先民进入黔西南的兴义、普安、兴仁等地区，成为这部分地区的回族先民。清雍正年间，清王朝在贵州实行"改土归流"。消除了各地分裂割据势力，交通得到进一步发展，于是进入贵州的回族群众越来越多，并且修建一些清真寺，开展本民族宗教活动。清中叶，兴义、兴仁一带，大量出产棉花，纺织业兴起，于是又有众多回民从云南等地来到这一地区经商，或从事手工纺织业，成了当地居民。如今，黔西南州有兴仁鲁础营回族乡，普安县青山镇、兴义市独家村等回族群众聚居区。

兴义城乡，伊兰园、伊清园等正宗的清真餐饮众多，几乎每一条街巷都能够找到。这些餐馆的牛肉，是由回族阿訇屠宰，回民厨师烹饪出正宗的清真八大碗和干锅、清汤、黄焖红焖等火锅，不但满足了回族群众的舌尖，也让其他兄弟民族一饱口福。许多到兴义做生意干项目的人，吃过几回牛肉，离开时都会买上一些牛肉带走，只有一个理由——兴义绝对不会卖注水的牛肉。

遍布城乡的清真餐馆里，一年四季总悬吊着一排排让人看上去就咽口水的牛干巴，回民人家的精绝特产。切片炒食，嚼劲十足，鲜美可口。牛干巴腌制风干，吊挂在自然风中保质时间极长，

清真牛干巴

可以带回家的物产

兴义特产大红袍

■带一本书去黔西南

小米蕉、美人蕉等特产 李金孺/摄

是年轻人回家看望孝敬父母，年节走亲访友时受欢迎的礼物。

肉有牛干巴，兴义还出产美味的干果。七舍、捧乍是兴义市海拔较高的乡镇，被称为"七捧高原"。这些地方出产的核桃，两根手指轻轻一捏，薄壳尽碎，果仁饱满。

七捧高原边上的泥凼、仓更等沿南盘江乡镇，历来就是出产优质板栗的地方。在兴义城的每一个菜市场，在泥凼景区、各处乡集，都能够碰到薄皮核桃、新鲜板栗。在兴义城的许多干果店铺，都能够看到炒熟了透着金属光泽的糖砂板栗，看见了，就勾出食欲。

从海拔 2400 米到 600 余米，造就了兴义的立体气候和立体生物分布，让这里成为了水果的世界。初春迎风，桃李花开，梨桃发芽。各个季节，兴义城周边到处是火龙果、樱桃、草莓、枇杷等水果的采摘乐园。沿南盘江各乡镇海拔较低更接近于亚热带气候，蕉类水果特别丰富。市场上常见的香蕉不算什么，小巧玲珑的小米蕉更加香甜，色彩艳丽的红皮芭蕉惹人眼光，熟透的本地芭蕉自带酒香……亚热带气候，还让兴义南部沿江地区建成了万亩芒果基地、鹅柑基地。

兴义，能够带回家的物产太多，等着游客自己来找寻。

CHAPTER 14

舌尖上的黔西南

走一路，玩一路，吃一路，
是外来游客最快乐的体验。

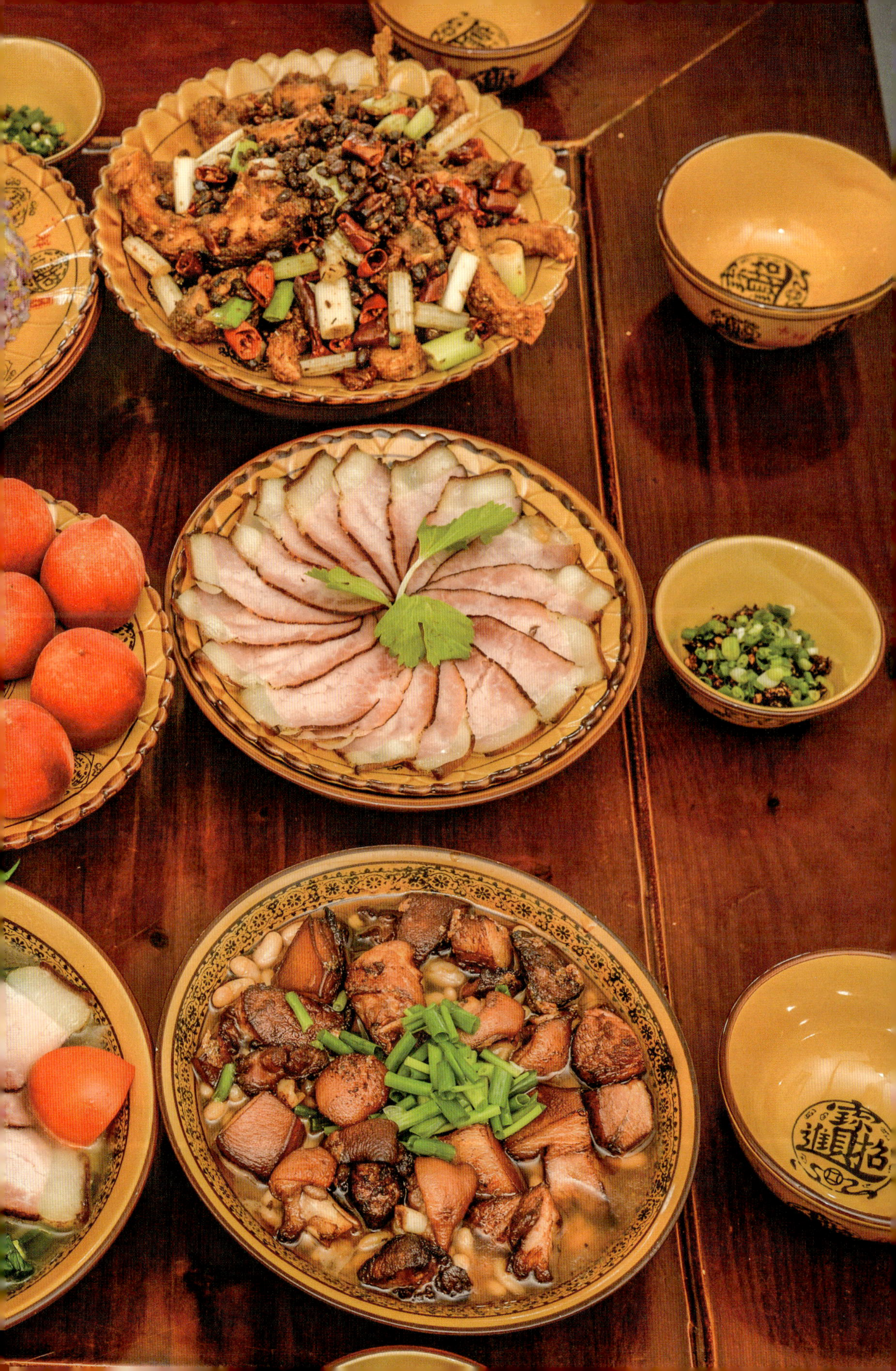

旅程从早餐开始

清晨，云就在走，鸟就在唱。

记忆里，清晨的沿街，木板门早响起一串串吱呀声，伴随着老板娘肩上轻晃的水桶，好些铺面的肉汤已经在翻滚。如今，高楼取代了沿街木楼，钢筋混凝土顶取代了小青瓦顶、茅草屋面。生活却没有多大变化，依然从舌尖开始。黔西南人不喜欢自己在家里做早餐，不是因为懒，而是满街美食飘散的腾腾热气使人垂涎欲滴。

黔西南有"三碗粉"，羊肉粉、牛肉粉、剪粉。2016年底，

羊肉粉

安龙剪粉

一碗羊肉粉在网上掀起了轩然大波。当年11月盛大开幕的中国国际饭店业大会暨第三届丝绸之路美食节，授予兴义市"中国羊肉粉之乡"荣誉称号。不料，同样有着美味羊肉粉的贵州遵义、毕节、六盘水等地群情激愤，美味之争立刻燃爆网络，随手小记、散文分析甚至是引据论文铺天盖地。而相关各地美食家组团来到兴义，尝过羊肉粉后，感叹各地的羊肉粉，各有各的味道。

兴义羊肉粉所用羊肉，一定是本地黑山羊、棕毛山羊。走进乡间小道甚至公路上，时常能够看到一群山羊，少的几十，多的有数百只，咩咩叫唤之声不绝，避开汽车时也不忘啃几嘴道路边坎上的青草、树根。天天上山啃食中草药，羊肉才细嫩可口，才有好的药膳功能。

跟山羊放养一样，兴义小黄牛同样把肉长在山坡上、溪水边。夏日的清晨，脸上爬满皱纹的老农，跟着小黄牛的脚步，听着牛脖间的铃响，把幸福洒进山野里去。秋天的暮霭下，老农又挥臂扬鞭，把牧归的收获拖进斜阳身影中。生活其实很简单，就是这样。

羊肉粉面、牛肉粉面油而不腻，剪粉就素淡得多了。做剪粉最著名的是安龙县，兴义城乡大街小巷，剪粉店大多打出安龙剪粉之名。正宗安龙剪粉，店铺门口或门边，都有蒸粉箱，热气腾腾的粉皮蒸熟，看着就叫人吞咽口水。还可以搅拌一碗齐全作料，再加上绿豆芽、海带丝、西红柿汁等配料，倒在粉皮中心之上做成裹剪粉，可握在手里边吃边走，是姑娘、小孩的最爱。如果你不忙，老板就会拿出剪刀，把粉皮剪成条、带，装碗加作料。这就是剪粉的来历。

去吃"三碗粉"请注意，桌上大锅里的白米粥、玉米粥、泡菜都是免费的。吃"三碗粉"还要注意，因为有大碗、小碗之分。小碗一般人能够吃好吃饱，大碗是为饭量大的人准备的了，加两块钱就加足了分量。许多店特别贴心，可以点"儿童碗"，既能让小孩子吃饱，又可让客人节约点钱。许多害怕长肉的年轻妹妹，也是儿童碗的常客。

"三碗粉"不是兴义早餐舌尖上的全部，获得贵州省名优小吃的兴义早餐数不胜数——味美无比深受游客喜爱的"鸡肉汤圆"、历史悠久名声响亮的"杠子面"、竹笋馅为主的"刷把头"、被称为"粽粑"的肉馅糯米饼、瘦肉丝白芸豆加糯米调制的"三合汤"……早餐的美味，游客自己去寻找、品尝、回味。

布依味道

到了兴义，是要去找一找"布依八大碗"的。八大碗的来历，传说可以追溯到明初洪武年间的调北征南战事。当时，布依先民随军饮具损失严重，只得烧制些陶质的坛罐和封盖坛口罐口的缸钵，吃饭时就用缸钵、海碗盛饭菜，久而久之，就流传下了八大碗。

八大碗是布依人家待客的最好菜肴，八道菜一般是：排骨炖萝卜、猪脚炖金豆米、花糯米饭、红烧肉炖豆腐果、炖猪皮、酥肉粉条、素南瓜、素豆腐。在不同的地方，菜肴可能会略有不同。菜肴中的金豆米、粉条、南瓜、五色糯米等都是布依人农忙时极容易取用和方便烹饪的菜肴。

布依八大碗 黄文/摄

酸汤牛肉

兴义的素菜，许多外省客人可能是想象不到的，无论南瓜、豆腐还是四季豆、刺五茄，不加一点盐一点油和任何作料，用清水直接煮了，蘸着辣椒蘸水入口。远游子女每一次归家，母亲总是欣欣然前往菜市场，拎回鸡鸭鱼肉的同时，总不忘带回几叶嫩绿，留住短暂喜气，延缓儿女的归期。父亲则把家的故事，揉进拌制辣椒蘸水的动作里去。

八大碗里有素菜，把香烟的炽热消减酒臭隐压，把健康还一点给身体。素汤裹带着自然的清香，透原味，不杂尘，就像还未踏入社会的人，真正的纯朴，带来真真的回味。

外省来的朋友说，兴义的牛羊肉香，因为散养着的它们，咀嚼的是中草药，啃食的是山珍灵木。外省的朋友还说，住久了，离不开素菜，还有那碗加了折耳根乳豆腐葱花香菜的辣椒蘸水。

布依八大碗食材搭配合理，健康生态，香味扑鼻。它还有许多优点，免去了点菜的纠结；一家六七人，只需花费一两百元，再多几人，也仅两三百元，经济实惠。

曾经，南、北盘江边，吊脚楼或是青瓦地房的屋檐层层叠叠。吊脚楼有火盆、地楼有火塘，火盆、火塘之中，或是树根熬火，或是灰埋燃柴，火可随时再旺。灰堆上，架起三角铁架，铁架上的铝壶早被柴烟熏出黝黑壳层，换上砂锅，肉汤慢慢开始翻滚，热气飘向砂锅之上，悬吊于落地柱穿枋上同样被柴烟熏出了包浆的吊筛。客人进家，女主人就会从吊筛里拿出常年熏制的血豆腐、老腊肉，洗净切片，让它们跟着锅汤一起翻腾，让客人端起酒碗，享受视觉温暖。

布依人喜爱糯食，于是产生了花糯米饭视觉与味觉的双重盛宴、于是产生了"重阳不打粑，媳妇不坐家"的节庆谚语，还有打糍粑喂耕牛的"十月敬"，对大自然的真实崇敬，原汁原味的农耕文化，朴素自然的民族风情。

走到盘江边，听着鸡鸣狗吠，看着鸭鹅蹒跚，雀鸟划过，或许还有妹妹欢歌，走进蛛网般的寨巷，走进吊脚楼，游客就会体验到客不醉主不欢的热情。他们捧出搭莲粑，轻轻揭开包粑粑的叶，清香就在醉意里升腾。

如今，血豆腐、老腊肉、花糯米饭、糍粑、搭莲粑都进了市场，进了酒店、饭馆。来到兴义，留心一点，总能够碰上。

■带一本书去黔西南

高原平湖荡鱼香

　　兴义万峰湖蓄水108亿立方米，水面816平方千米，相当于2个大理洱海，76个杭州西湖。万峰湖高，正常蓄水位海拔高780米。1997年下闸后，25个春去秋来，江水奔流去，鱼游碧波底，这里早已成为野钓者的圣地。

　　湖畔寨落木楼青瓦，吊脚楼下悠闲着雏鸡奶狗，窄廊道上飘晾着青花土布。透过木楼窗棂眺望，湖映万峰，渔歌唱晚。暮霭牵出晚霞勾出天边飘云的金边时，炊烟就缭绕出寨落吊脚楼的瓦缝，鱼香穿过木板壁的间隙透了出来。

　　吊脚楼布依人家的盆里，用盐、姜丝、蒜片、香芹叶、生抽、

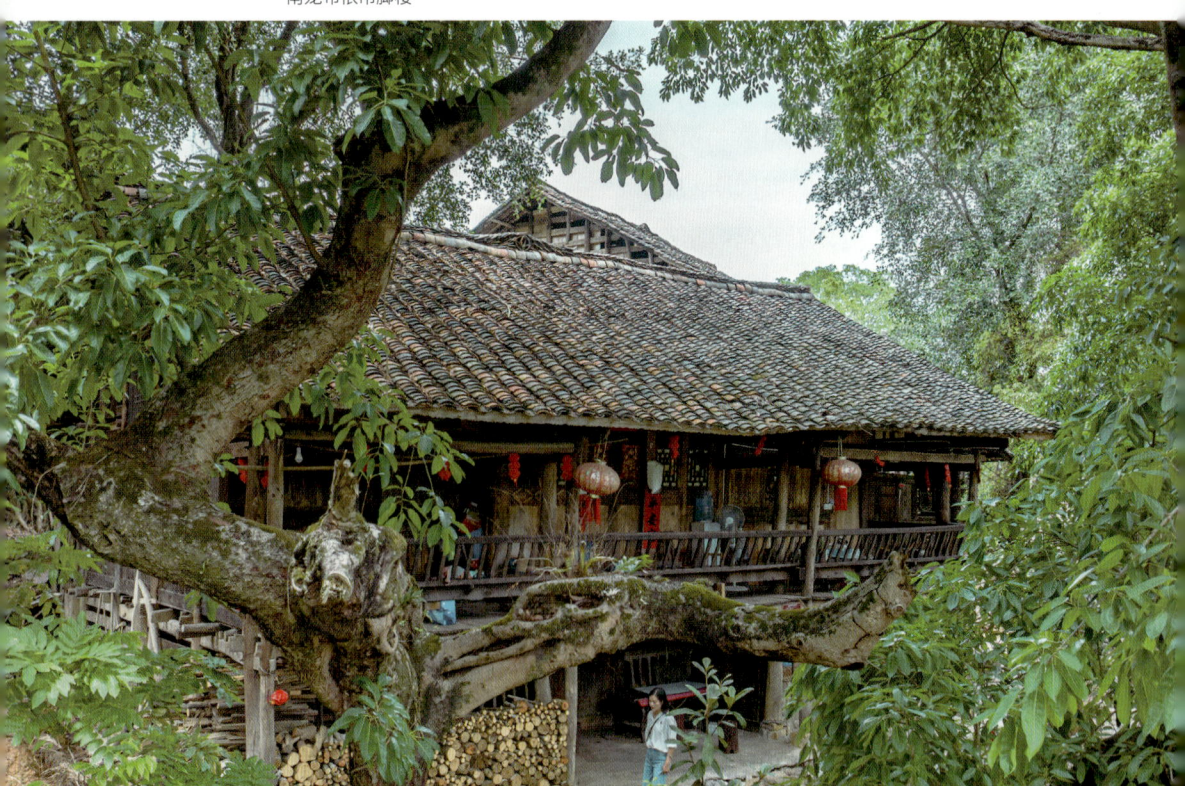

南龙布依吊脚楼

芝麻油、料酒腌制的是黄辣丁，又或是江团、连巴螂、大翘嘴、胖草鱼、肥河鲤……今日渔猎的盘江鱼是酸汤鱼的原味食材。

布依酸汤鱼的制作不算太烦琐，备好秘制酸汤、酸辣椒、木姜油，香芹蒜头切段，姜蒜切片，西红柿切碎；油热锅，炒香姜片蒜片，加入香芹段、碎西红柿、秘制酸汤、酸辣椒，炒出红油；加水煮豆芽，汤滚加盐。腌了半个小时的鱼，这才到点，现配上豆腐、魔芋、香菜，滴几滴木姜油。还有什么呢？自然是布依人家常备的酸笋。锅在火塘上，鱼在汤里滚，老人抱着竹制水烟筒，瘪着嘴用力，烟筒水就和了鱼汤畅响，老人鼻孔里冒出的烟就融进柴火烟里去，吊脚楼里，弥漫了生活。

火塘上的锅里，翻滚着的汤奶白，衬得其他部位的酸汤更加油红，甚至透着鱼鳞的光泽，围坐火塘的鼻腔嗅觉开始躁动，舌尖味蕾也被打开。

早在两千年前，黔西南就已经在演绎着鱼和渔的故事，江河沟溪，都有过往野钓的记忆。

黔西南州博物馆专题展"夜郎的疑问——贵州汉代历史文物展"，展柜里躺着两千年前的古老物件，述说着东汉的曾经。黔西南还发现了大量铸造铜器的工具，比如铸造铜戈的模具，铸造剑、刀的范及坩埚。琳琅满目的出土器物里，包含着铸造鱼钩的精致范模。细细观察陶质鱼钩范，其钩把、钩弯、钩尖、倒刺等，已完全具备了现代鱼钩的模样。

说到烹饪鱼的过往，不得不提文物展里的庖厨陶俑。这件作品，庖厨跪姿，头顶马蹄形帽，帽后系结，内衣袖上卷，右手腕戴着贝镯，身前置一案桌，庖厨右手按着桌上鱼头，左手刀向鱼鳞。

■带一本书去黔西南

　　如今的万峰湖，盛产罗非鱼。罗非鱼俗称非洲鲫鱼，莫桑比克产出的鱼类物种，近年来才引进中国。但在兴义，两千年前的盛宴大师，不但姿势神态栩栩如生，面前食案上一条肥美的鱼儿，就已是罗非鱼的样子。站在博物馆的展柜前，不由让人深思历史的预示，生命的轮回。

　　博物馆里，还有兴义万屯汉墓群、兴仁交乐汉墓群出土的陶器——水塘稻田模型的水塘中，就有鱼儿两尾，两千年前的水中美食。

　　不仅仅是万峰湖，在黔西南的溪涧、山塘、海子、河湾……

东汉庖厨俑

随处都有少年记忆、钓翁身影。兴义钓友随时会来一趟说走就走的垂钓之行。

除了布依酸汤鱼，遍布城乡的大小酒店、饭馆，对鱼还有各种烹饪方法。到兴义品尝一回美味，顺便聊聊这片土地上的"鱼"和"渔"吧！

纠结的抉择

兴义人请客，确定吃什么的过程，令人纠结，因为清汤的、黄焖的、红焖的牛肉火锅、羊肉火锅，布依八大碗、鲜鱼馆、盗汗鸡、汽锅鸡、辣子鸡、天麻鸡、猪肚鸡、清汤鹅、老鸭汤，各种鱼馆、野菜馆、地摊火锅、杀猪饭、特色家常菜……每一样都

特色美食盗汗鸡 张智勇/摄

布依搭连粑、糍粑、马脚杆粑

炒牛干巴

糖梨

兴仁盒子粑

兴义刷把头

令人垂涎欲滴。于是，打电话问要请的主客，最怕的就是对方回话"随便随便，吃啥都行"。

就菜品而言，黔西南州饭店餐饮协会曾经专门编辑出版过一本《黔西南风味菜》，精挑225件独特菜肴集结成册。中国黔菜总领军王朝文在此书序文里写道："书中已经总结了黔西南风味菜豪饮爽食民族风、糯食当先多美味、道法自然食材优、本味突出好嗜酸、善用多椒小麻辣、小吃众多香鲜甜"等经典评语。

黔西南目前已经拥有"中国饭店业绿色食材采购基地""中国特色农产品优势区""2021年度贵州省十强农产品区域公用品牌"等称号，一些农特产品被纳入"全国名特优新农产品目录"。目前，全州经省级相关部门审批公示的第一批铁皮石斛"药食同源"试点企业有4家；积极开展获认定的"定制药园"建设示范单位8家；药食同源的石斛、薏仁米等产品得到有机认证。

走进乡村，公路上吆赶本地小黄牛的绳鞭，被胡子拉碴的老汉抛甩得欢快。沿着山间小道寻幽，一群群黑山羊在瘦石间、灌丛里撒野，啃食着野草中药，就像是大山的精灵；赶羊人举起手中小酒瓶，悠然来上一口，不时挥挥羊鞭，口里发出山羊能够听懂的提醒。这样野牧的牛羊，肉质怎么会不生态？口味又怎么会不鲜美？

走进布依村、苗家寨，鸡在吊脚楼、芭蕉树下蹦跳，鸭在小河小溪里划掌，大鹅伸长脖颈展翅追啄路过的小奶狗。走到湖河边，布依人家的小船在撒网，湖畔河畔的钓友在垂钓……食材在大自然里肆意生长。

景区里，或是乡间驾车，会遇到装着蜂巢的背篼，背篼或许

景区美食一条街之一

景区美食一条街之二

还在背上，或许已经放稳在路边，背筬的主人一定是脸展喜意，笑咧嘴角。蜂巢里的蜂蛹、幼蜂，几乎是等不到进入市场的，识货的司机、游人早已将高蛋白的奇香山货购为己有，想象着晚餐的畅快了。到江边玩耍的游人，运气好的，或许就遇到了比背筬主人更加欢快的戏耍小孩，他们的塑料袋里，装着与蜂蛹异曲同工之妙的吓巴虫，捕捉于江边浅水泥沙里的美味。

走进山野，懂行的游人惊喜连连，刺五茄、猫耳朵、鬼针草、马蹄菜、姨妈菜、小芹菜……降压的、清热去火的、治风感冒的，反正对人体有百利而无一害的野菜应有尽有。游人就在这里驻足了，弯腰、伸臂、出指，掐摘一把嫩绿，把心思放到今晚那桌上的火锅，或那一碗素菜里去。

入夜，各种各样的美食上了桌。外来游客往往很好奇，兴义人喝酒被戏称为"敬酒不吃吃罚酒"，绝少碰杯，而是必须要用扑克牌。美食带来的快乐，就更加热烈。扑克牌的玩法千变万化，钓竿、斗地主、梭哈、喂饱、吹牛、水鱼天下……能想到的玩法都是玩法，俗称"喝酒三十六计"。

兴义有美酒贵州醇，能够配美酒的美食数不胜数。舌尖上的兴义，醉进甜美的梦乡里！

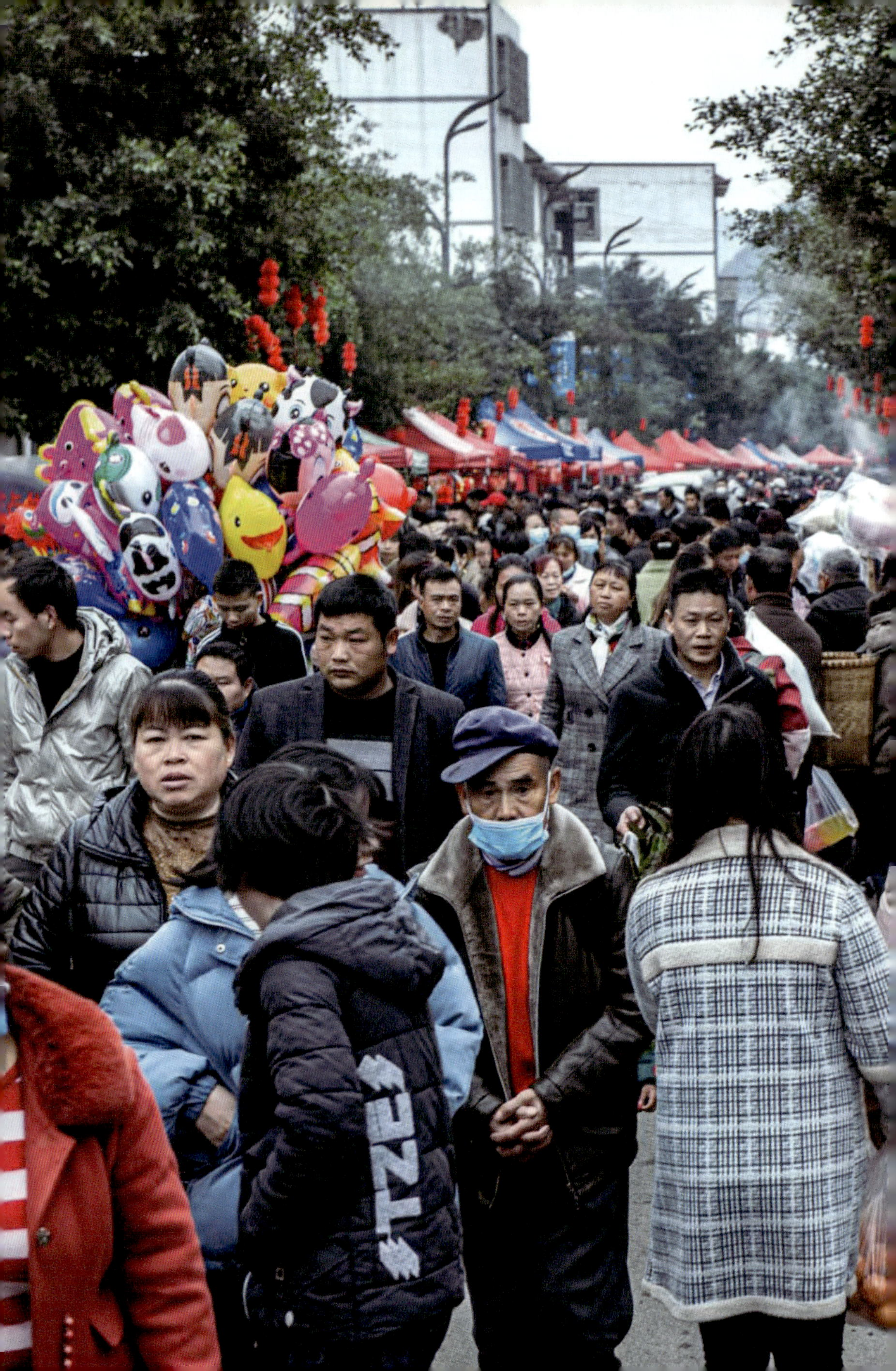

CHAPTER 15

不一样的市场

赶乡场是不需要什么条件的，到了赶场日，走进去就行了。

则戎街乡场 胡峻银 / 摄

穿梭在乡场上

赶乡场是不需要什么条件的，到了赶场日，走进去就行了。对于远方游客来说，是了解当地风土人情的最佳时机。有晨跑或晨起徒步、散步习惯的游客，碰到小货车排队、搭摊支棚的一街嘈杂，就是碰到乡场的序幕了。

此刻的小货车是游商的，搭好摊棚，小商贩就开始从车上往摊棚搬货。表情同动作一样多姿。看上去强壮如男人的妇女，沉重的货物筐让她把汉子似的脸憋红，眉头紧锁——今日是否能够卖得出儿女的书本费、老人的汤药钱？扯开喉咙跟场友聊天的壮汉，笑着抱怨"不好卖"的瞬间，又把锄头、镰刀摆放上摊板，眼角的余光扫到推车、背篼、挑担……源源聚拢进乡场。

赶乡场的路上，有时候还淋着雨。老太太把刚在地里掐来的豌豆尖、油菜薹或是新鲜采摘的蚕豆、四季豆、茄子、西红柿背到乡场上，雨过天晴了。取下头顶避雨的塑料布，就喜迎了记忆中的童年玩伴或是邻村的老表姐妹。于是，本就拥挤的乡场马路中间，两位老太太的嘘寒问暖、陈年旧话就更让摩托车停下，引来此起彼伏吆喝声间的一街笛鸣。

便饭摊边的老爷爷像是听到了故事，把酒碗轻轻放在小桌上，他和身边同伴眼里都有了点醉意，习惯性地把竹筷在桌沿敲两下，抖掉总进不了嘴的苞谷面粒，瞧一眼并不认识的聊天老太太，再瞧一眼桌上蘸酸菜豆腐的辣椒蘸水，又把酒碗端起。他们赶乡场，就是为了坐在街边，偶遇故旧，把酒三两，看人来人往。

适龄儿童都进了学校，不是周末的乡场上，难得看到他们的

不一样的市场

巴结乡场上的布依土布市场

身影。但生活不是电视剧，全都是帅男俊女公子千金。售卖土蛋糕土饼干的夫妇，忙着退钱，忙着象征性地把手上的不净残留擦到围腰上去，根本注意不到幼小儿子蹒跚着去看老爷爷酒碗下的花白胡须，拖着鼻涕笑眯眯。

糍粑饵块粑小摊边，水果货车的喇叭翻来覆去喊着："快点来看喽，快点来瞧，进口的苹果、香蕉，刚下树的橘子、黄桃；快点来看喽，快点来瞧……"跟着奶奶赶场的小女孩儿，盯着奶奶皱痕满布的手揭开包钱的手帕，眼神怯怯生生，看到奶奶递上的纸币换回了五彩斑斓的零食袋又或油油的蛋糕，眼睛"噌"一下就变亮了。

乡场上，全都是声音，移动着的风景。游客穿梭其间，房角

贵州龙产地乌沙镇乡场卖竹编的老人

的榕树下，布绳拴着几只小奶狗，全身黑亮但尾尖四脚尖一丛白毛的那一只，正在瑟瑟发抖，它在害怕，应该是离开了妈妈。肉摊边，顾客在挑剔着肥瘦；菜籽棚下，农妇在为种香芹还是架豆而纠结；老爷爷蹲在背篼边的塑料布前，守着几个新鲜小瓜、几把青菜小葱，售卖默不作声，只用眼神；乡间小超市里，少女哼着歌进进出出，不买什么，只为展示一下时髦……

纯粹的乡村，流动的人，被游客遇到了，就成了风景。坐在凉粉摊前点一份凉粉、凉面，喝一碗水晶凉粉，放下奔波的焦虑，放下城市的压力，把脚步放慢，走进乡场里，瞧一瞧没有遇到过的新奇，听一听兴义最真实的音韵。

乡愁集市

提起周末去处,兴义人会想到乡愁集市,一条乡村街巷就在万峰林里。这里原名鄢家坝,一个汉族、布依族群众聚居的村庄,因为几年来乡愁集市的名声太过响亮,本地人的口中,也再难听到鄢家坝一词。

乡愁集市就挂在纳灰河边,进入道路从景区公路分岔,首先是一条不足 200 米长的小街。这条街的居民,是国家重点工程天生桥水电站的库区移民,基本是布依人,刚搬来时的不太适应,早已被热火朝天的旅游服务抛到九霄云外。每天接近午时,从街口开始的热烈气氛就感染了游人。一整条街,沿街两排布依酸汤鱼、酸笋鱼、酸汤牛肉、农家小炒,挤满旅游团队,也挤满兴义熟客。

走过弥漫鲜香的一条街,乡愁集市的石垒寨门后,长桥一座连通纳灰河两岸,绿草地、芭蕉叶、翠竹林、碧水湾,带出了心旷神怡。迈步过桥,三架水车仿佛又是一道寨门,在乡愁集市入口左边缓缓转动,带动着岩上的石磨轻转、石碓杆点头。水车边,是纳灰河滨河健身步道,只需迈步一千余米,就能到达万峰林的著名打卡点八音堂和八音堂对岸的半月弯。

从水车景点开始,游客就忍不住开始拍照留念了。走进寨落,一眼整洁的街巷,路边的石垒小汽车、座座小院外的流水小景、穿斗木结构的屋前瓦廊、色调一致的土黄墙……举着相机、手机的游客摩肩接踵,导游旗下,各种地域韵味的口音感叹:住在万峰林里已然是住进了盆景公园,伴着纳灰河的轻波,峰林深处竟是这样别致的寨落!

　　乡愁集市里有布依人家的广场,广场边安放着"天下第一羊汤锅"。巨大的露天灶台上,大铁锅锅沿及成年人的胸,小孩新奇地登上灶台,欢叫着这口锅可以划船。大铁锅可不是艺术品,也不是摆设,数千人的羊肉火锅宴、茶叶蛋欢聚等活动,兴义人、外地游客抢着报名,只为感受一把桃源深处诗酒田园的狂欢。

　　乡愁集市里有民宿,其中有电视真人秀《爸爸去哪儿(第五季)》的住宿地,留下了火龙果现场采摘的欢乐。乡愁集市里有布依小吃、旅游餐厅、农家杀猪饭,旅游团队熙熙攘攘,团建活动不愁吃饭。兴义本地游客,常在这里碰到熟人,打着"你们家也来啦"的热情招呼,让外地游客感受到在这里消费一定稳当、划算。

乡愁集市每周日开市

这些只是在平时，到了周日，集市的狂欢才真正掀起。沿街摆满规整的摊位，兴义市乃至整个黔西南州的特色小吃、地方特产摆成串，兴义牛干巴、兴仁薏仁米、安龙莲藕粉……让顾客在摊位前来回流连；裹了花生粉芝麻粒的糍粑、晶莹剔透的水晶凉粉、香气扑鼻的贞丰糯米饭……让拉着氢气球的小朋友欢快得连蹦带跳。爷爷奶奶或外公外婆跟在身后，不必要地生怕宝贝跌倒。

乡愁集市其实只是兴义乡村旅游的示范点，游客络绎不绝，周边甚至其他乡镇、街道的各族各寨看到了乡村振兴的美好。许多村寨，村民自发选出能人领头，拆违建拆影响环境的鸡鸭偏厦，整治村街寨巷环境，美化房屋外观，向另一个乡愁集市努力。

路边市场

一城多景，路路相连，催生出了一处处路边市场。

路边的市场，本来是因为交通重要节点和旅游产业不断发展，农村群众自发聚集而形成。各乡镇、街道没有因为影响镇容村貌而简单地阻止取缔，而是给各地各族群众修建了规整统一的摊棚，让路边市场变成风景，让人民群众感受到温馨，让游客触摸到乡土气息。

从马岭河东的顶效镇进入兴义城，在汕昆高速马岭河大桥、马岭河红星大桥修通之前，峡谷大桥是最早的交通要道节点，由于交通便利，至今车流滚滚。当年的建桥技术不比如今，1994年8月建成通车的峡谷大桥位于峡谷深处，从顶效镇一侧，汽车

乡愁集市夜景

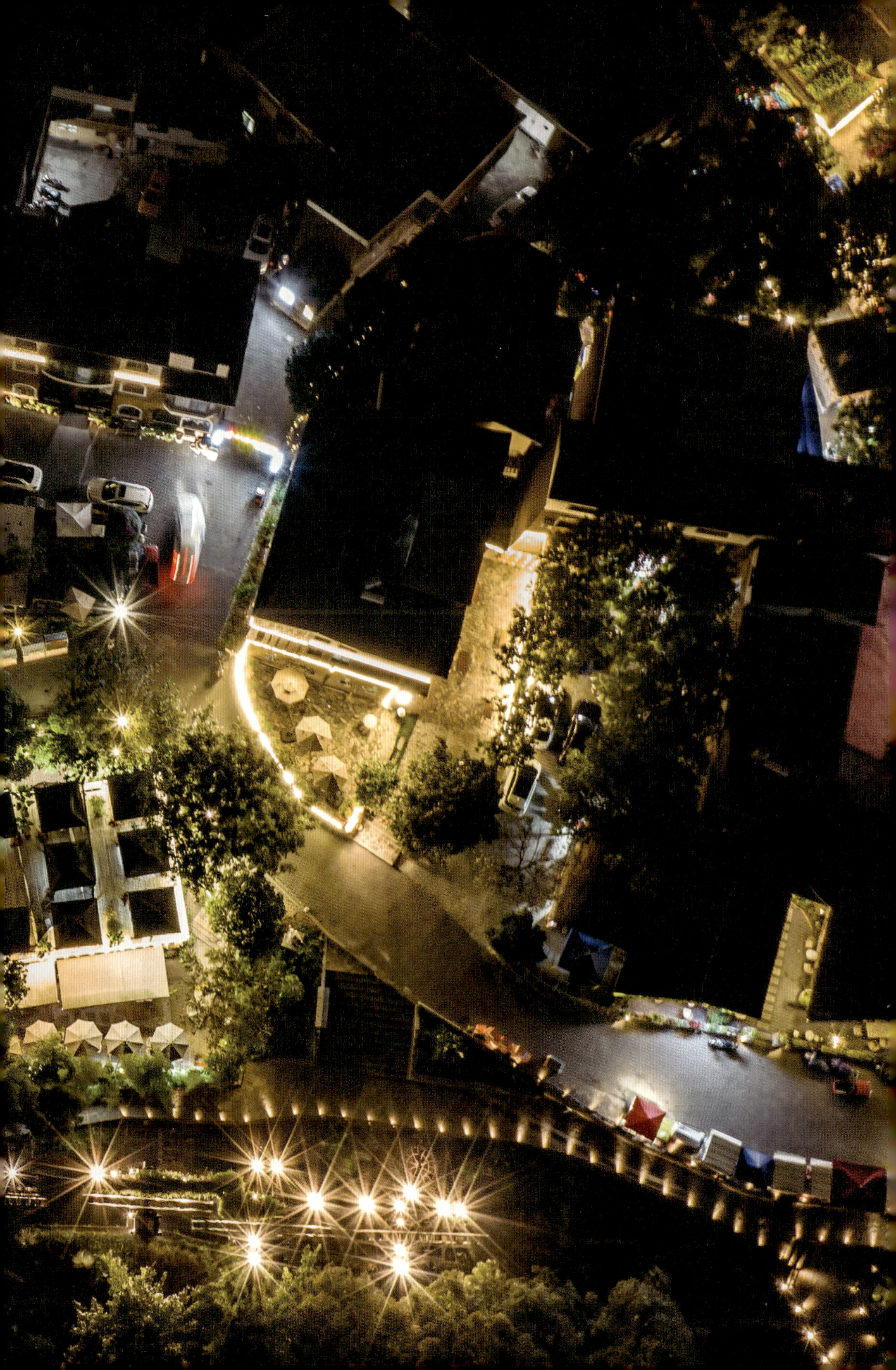

需绕过"之"字形几处弯道才能过桥。

许多年前,当地群众就在弯道边用柴火烤起苞谷,一段时间后竟然成为了品牌,公路边的柴火堆成串,边上总会有汽车停下来。为了群众和交通安全,顶效镇相关部门干脆在一处弯道边的平坦处,认真规划加以引导,为数十户群众修建了摊棚,并修建出停车场。如今,路边市场热火朝天,除了烤苞谷,还有烤土豆、油炸臭豆腐、火腿肠、凉面凉粉等小吃。当地群众用美味、勤劳和热情装扮出路边风景。

路边市场最多的是从市区通往万峰湖景区的景湖大道。每隔一段距离,就有销售新鲜鱼虾的小市场,兴义人都知道,在这儿可以买到美味河鲜。特别是年节之际,无数汽车一大早就从城区出发,争抢餐桌上的美味。

万峰湖是国家4A级旅游景区,景湖大道沿线村寨是盛产布依农特产品、亚热带水果的地方。丰都街道、南盘江镇对群众十分贴心,在之前群众聚集销售农特产品的地方,还有通往万峰湖红椿码头边的有利地点等地都修建了路边市场。这些市场,原来是广大沿江群众的脱贫市场,现在是乡村振兴市场。

从旅游大巴、自驾车辆随时停靠路边,就能知道市场里农特产品的琳琅满目。从土鹅蛋、土鸭蛋到土鸡蛋,从石斛、干豇豆到干板菜,从老腊肉、腌香肠到血豆腐,数十种产品任凭客人挑选。最炫眼的,是悬吊着的一排排红皮芭蕉、小米蕉,还有靠墙的水果甘蔗,用乡土的自然美丽勾出游客的食欲。于是,刚从大巴车上下来的游客发出了惊呼,迫不及待买下惊喜,在路边就品尝起来。

路边市场随时蹲着农村娃，他们身边的塑料袋或是用矿泉水瓶割出的小罐子里，装满了蚯蚓、虫子。游客常常会感到好奇，这也卖得出去吗？大可不用担心，这些蚯蚓、虫子就是前往万峰湖野钓钓友的鱼饵，也是这些农村娃的零用钱——路边市场里的烤鸡腿炸土豆，爽口的雪糕饮料，新奇的卡通玩具……简单朴实的快乐源泉。

除了景湖大道，东峰林景区道路边、峰林大桥观景区等旅游景区景点或是沿途之中，都形成了路边市场，有的规模还不小，经营群众数十上百家。给游客带来了方便，提升了景区景点服务质量，也为自己创收，助推了乡村振兴。

后备箱集市

桔山街道位于兴义城中，是主城区之一，这里街道洁净，高楼林立，是酒店、宾馆最集中的地方。每天清晨，一排排旅游大巴整装待发；每天下午、傍晚，旅游大巴又排着队返回一处处酒店、宾馆，热闹非凡。

夜的美丽才拉开帷幕，游客如果还有力气，千万不要吃了饭就休息，甚至可以空着肚皮走几步，边欣赏兴义最美丽的夜景，边寻找后备箱集市。那里是兴义人夜生活的聚居地，走近了，游客就感知到了热切，兴趣开始急切升腾。

小河慢慢流淌，就成了瀑布，悬挂在马岭河峡谷的绝壁上，迎风飘散，融入美景。城中小河景致也不遑多让，在夜色中，展示着另一番美丽。

　　入了夜，后备箱集市是光影的世界，小河倒映霓虹，也倒映着移动的长发靓影。顺着行道树延伸的五彩光带，柔暖夜灯朦胧着的亲水平台，聚拢了兴义的特色美食。

　　后备箱集市就挂在城中小河边，每一处摊棚都简洁，但设计却都精心。每一位摊棚老板都不紧不慢，仿佛不是在制作食物，只是在展示技艺。漂亮姑娘挽着小伙的胳膊，一点儿不着急，欣赏着美食成型，享受着夜幕下的甜蜜。

　　两张长桌排在一起，掀开几箱啤酒的喧嚣，随着扑克牌的翻开，阵阵爽朗笑声推开河面水纹。河心的莲叶荷灯下，鱼儿不时探出头，摇摇尾，又游进波纹下的灯影里。水下，也是不眠夜。

　　后备箱集市的灯影下，三五闺蜜各点一杯奶茶，眼角的余光

万峰湖沿途土特产路边市场

不经意会含羞，带醉……人丛里，看到了谁？

蹦跳过的小孩，奔向游戏摊位，身后，跟着温馨的目光。放下一天疲惫，年轻的镜片下，微笑着的眼，不离孩子分毫。他是远行游子吗？在兴义扎下了根，看着蹦跳的希望，是否想起此刻老父亲坐在电视机对面打盹的鼾声，还有老母亲那朝如青丝暮成雪的时光刻痕……

万峰成林处，阳光黔西南。花期长达 11 个月的兴义市花三角梅，从初春怒放进寒冬。灯影跨过小河，隐约着对岸的花坛，三角梅的叶片，从白天的艳丽，与小草一起，朦胧进夜的温柔，静静陪伴隔着河岸的热烈。

夏天的夜，兴义没有炎热。不用云遮挡热浪，夜幕就带来凉爽。后备箱集市里，升腾着的是生活的温度。坐在摊棚下，坐在亲水平台边滨河栈道上，让晚风拂过，看水中倒影轻荡。

时入晚秋，集市的河岸碧绿依旧，除了银杏枝，没有枯黄。而那银杏枝头，依然晃动着残叶，晃动着攒动人头下一颗颗不同的心，把奔忙中的希望牵进冬天的暖阳。

后备箱集市连接着兴义城的滨河游道，本地人熟悉，常来常往；外来游客喜欢，走进养眼的夜景。许多游人不是为了专门去逛集市，只是饭后散步经过这里，走进集市，走出光影。入梦前的告别，停步回头，一城艳丽。

后记

  曾经兴义府，如今的黔西南州，是国际山地旅游暨户外运动大会的永久举办地，在2023年中国联合国教科文组织世界地质公园年会上，确定州府兴义为2024年世界地质公园年会举办地，届时，将宣布兴义入列世界地质公园。能够入列世界地质公园的条件，正如前面的图文，已经简要地介绍了兴义的自然旅游资源禀赋、人文底蕴和民族风情等。荣誉的获得，必将提升黔西南各族人民的信心，引领全州人民更加紧密团结建设好美丽家园。

  到过黔西南的远方宾朋，最有感触的是这里地处北纬25度黄金气候带，平均1100余米的海拔，空气优质天数达100%，盛夏凉爽、冬季温暖，"四季康养之都"的荣誉实至名归，是一个来了就不想离开的地方。

  黔西南16804平方千米土地上，南、北盘江水系亿万年的鬼斧神工，深深切割出大开大合的高原雄壮；大自然对高原喀斯特地貌千百万年的风雕雨凿，又打磨出了山水灵动，景致连连，为世代定居于此的汉、布依、苗、彝、回、瑶等30多个兄弟民族群众提供了无尽宝藏。

  曾经，黔西南的美丽深锁大山。山门打开，就风光四溢，用绝美喀斯特、大山人文吸引着四海来客、八方宾朋。正如前文介绍，从州府兴义出发，黔西南还有众多国家4A、3A级旅游景区，如未列入本书详细介绍的贞丰三岔河、兴仁放马坪、普安茶文化生态旅游景区、兴仁鲤鱼坝、册亨陂鼐古寨等景区。又如兴义乌

后记

舍布依寨、普安青山回族社区、兴仁卡嘎布依寨、贞丰挽澜兴农布依村等村寨入列中国传统村落。此外，还有百余个少数民族特色村寨。

漫长的历史长河中，黔西南不缺乏故事。龙的故乡、古人洞穴、神秘夜郎、自杞古国、改土归流、红军长征、翻身解放、聚力建设、贵州精神、脱贫攻坚、民族团结、人民安康……这些，都等着朋友们来聆听，并且走进去。

本书除标注拍摄者的照片外，其余图片均由胡云江拍摄。由于篇幅所限，在收集这本书的图片时，忍痛割舍了数之不尽的大美风光、视觉震撼；在讲述黔西南故事的过程中，简略了数之不尽的过往点滴、精彩瞬间。或许，这就是一种缺憾之美，等着您亲身前来，细细寻觅，融入其中。

北盘江大峡谷

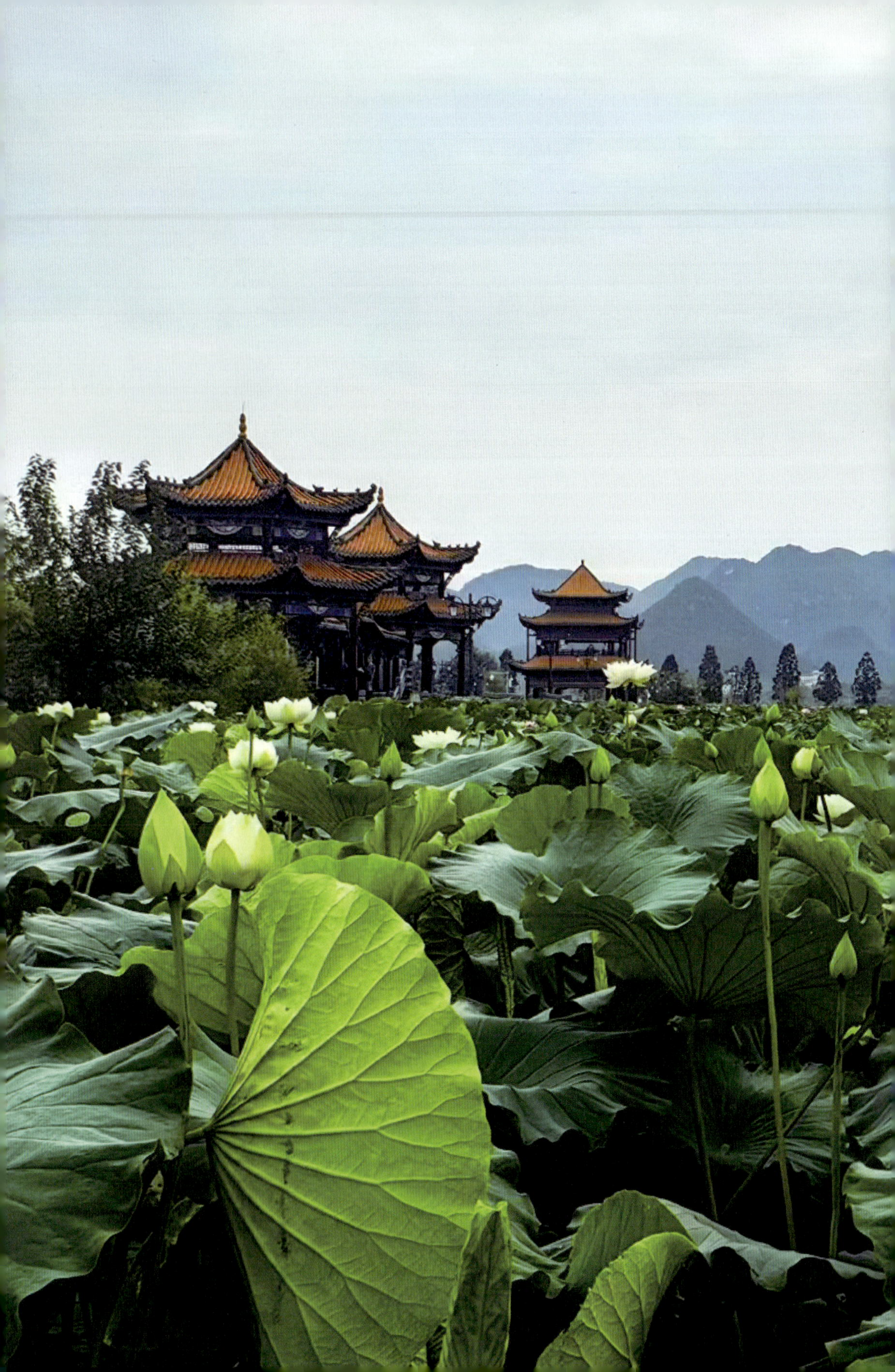

安龙招堤十里荷池 罗松 / 摄

图书在版编目（CIP）数据

带一本书去黔西南 / 罗松，邹储衣著 . -- 北京 : 中国民族文化出版社有限公司, 2024.8.（2025.1 重印）--（中国这么美的 30 个自治州）. -- ISBN 978-7-5122-1940-3

Ⅰ . K928.973.2

中国国家版本馆 CIP 数据核字第 2024E9X755 号

带一本书去黔西南
Dai Yi Ben Shu Qu Qianxinan

总 策 划	刘彦明
执行策划	赵　天
作　者	罗　松　邹储衣
责任编辑	赵　天
照片统筹	胡云江
封面摄影	胡云江
排　　版	姚　宇
责任校对	李文学
出 版 者	中国民族文化出版社　地址：北京市东城区和平里北街 14 号
	邮编：100013　联系电话：010-84250639　64211754（传真）
印　　刷	小森印刷（北京）有限公司
开　　本	710mm×1000mm　1/16
印　　张	17.5
字　　数	180 千字
版　　次	2024 年 10 月第 1 版
印　　次	2025 年 1 月第 2 次印刷
标准书号	ISBN 978-7-5122-1940-3
定　　价	78.00 元

版权所有　侵权必究